El TAO de Hacer Negocios

Darío Cerezo

CONTENIDO

Prefacio

El sol estaba saliendo en el horizonte cuando el maestro y su discípulo caminaban por el campo. El aire fresco de la mañana y el sonido de la naturaleza los rodeaba, mientras el maestro hablaba.

"Hacer negocios es como cultivar un jardín, mi querido discípulo", dijo el maestro. "Para que florezca, necesitas sembrar las semillas adecuadas, regarlas y cuidarlas con dedicación y paciencia".

El discípulo asintió, sabiendo que su maestro nunca hablaba en vano. Había venido a él en busca de conocimientos y sabiduría para ser un hombre de negocios exitoso, pero también sabía que su maestro siempre le enseñaría a hacerlo de manera honesta y auténtica.

"El Tao de hacer negocios no se trata solo de ganar dinero", continuó el maestro. "Se trata de hacerlo de manera que beneficie a todos los involucrados, incluyéndote a ti mismo".

El discípulo miró a su maestro con admiración, sabiendo que su sabiduría se extendía más allá del mundo de los negocios.

"Para hacer negocios de manera efectiva, debes tener una

mente clara y enfoque", dijo el maestro. "Tener una estrategia clara y objetivos bien definidos es esencial para el éxito. Y recuerda, la paciencia es clave. Los resultados a menudo toman tiempo, pero valen la pena".

El discípulo asintió con determinación, sintiendo el peso de la responsabilidad de ser un hombre de negocios sabio y exitoso.

"Recuerda, mi querido discípulo, que en el mundo de los negocios, la integridad y la honestidad son invaluables", concluyó el maestro. "Siempre debes hacer lo correcto, incluso si eso significa sacrificar ganancias a corto plazo por un bien mayor a largo plazo".

El discípulo agradeció a su maestro por su sabiduría y se prometió a sí mismo seguir sus enseñanzas y convertirse en un hombre de negocios respetado y exitoso a través del Tao de hacer negocios.

Rectitud y Honestidad

Discípulo: Maestro, he estado leyendo sobre la importancia de la transparencia en los negocios y cómo esto puede ser beneficioso para el futuro de una empresa.

Maestro: Así es, mi querido discípulo. Mantener una relación honesta y clara con tus inversores puede ser una fuente de negocios para el futuro.

Discípulo: Pero, ¿por qué es tan importante la honestidad en los negocios?

Maestro: La gente siempre prefiere la rectitud y la honestidad. Los buenos resultados son importantes, pero si no se logran de manera honesta y clara, pierden valor.

Discípulo: ¿Cómo puedo asegurarme de mantener una relación honesta con mis inversores?

Maestro: La honestidad y la transparencia deben ser valores fundamentales en tu empresa. Es importante que siempre mantengas informados a tus inversores sobre el estado de las cosas, tanto en los momentos buenos como en los malos.

Discípulo: ¿Pero qué pasa si las cosas no están yendo bien en mi empresa? ¿No sería mejor ocultar la información?

Maestro: No, mi querido discípulo. Es precisamente en

los momentos difíciles cuando la honestidad y la transparencia son más importantes. Si ocultas información a tus inversores, solo conseguirás generar desconfianza y alejar posibles oportunidades de negocio en el futuro.

Discípulo: Entiendo. Pero, ¿qué pasa si pierdo dinero en una inversión? ¿No sería mejor ocultarlo para no perder la confianza de mis inversores?

Maestro: No, no es mejor ocultarlo. Es mejor admitir la pérdida, aprender de ella y tomar medidas para evitar que vuelva a suceder. Si eres honesto con tus inversores en momentos de pérdida, demostrarás tu integridad y tu compromiso con la transparencia.

Discípulo: Me parece muy acertado. Pero, ¿no es arriesgado perder dinero con alguien en quien confiamos?

Maestro: Sí, puede ser arriesgado. Pero yo prefiero perder dinero una vez con alguien de confianza, que ganarlo con alguien que me deja dudas. Con alguien recto y honesto, puedo hacer negocios siempre, aunque a veces gane y a veces pierda. Con alguien que me genera dudas, tal vez me salgan bien las cosas mientras "ganemos", pero el día que nos toque "perder", puede que desaparezca.

Discípulo: Entonces, mantener una relación honesta y transparente con nuestros inversores no solo nos asegura una fuente de negocios en el futuro, sino que también nos permite mantener una reputación de integridad y confianza.

Maestro: Exacto, mi querido discípulo. La integridad y la confianza son valores fundamentales en los negocios y en la vida en general. Siempre es mejor ser honesto y transparente, incluso en momentos difíciles, porque esto genera confianza y respeto. Y, al final del día, estas son las verdaderas claves del éxito.

Ganancia y Riesgo

Maestro: Hola discípulo, ¿cómo estás?

Discípulo: Hola maestro, estoy bien. Quería hablar contigo sobre una idea de negocio que tengo.

Maestro: ¡Excelente! Cuéntame más sobre eso.

Discípulo: Tengo un proyecto que considero bueno, pero no está del todo ajustado y necesito capital.

Maestro: Entiendo. ¿Qué tienes en mente?

Discípulo: Quiero ser generoso con la ganancia y ágil con el riesgo. Si alguien me dice que ganaremos el 50% cada uno, pero corremos los riesgos juntos, sé que puedo ganar mucho, pero también tengo más riesgo.

Maestro: Eso es una buena actitud, pero recuerda que también debes ajustar tu proyecto y no estar apremiado por los plazos.

Discípulo: Sí, eso es lo que quiero hacer. Una vez que ajuste mi proyecto y reduzca el riesgo, podré ofrecer solo un interés o un porcentaje menor.

Maestro: Exacto, eso es lo que deberías hacer. Al reducir el riesgo, también puedes reducir el costo de incorporar capitales.

Discípulo: ¿Y qué hace un inversor inteligente?

Maestro: Un inversor inteligente usa etapas o pasos en su planificación. Nadie necesita comerse todo el pastel el primer día. Cuando tienes una opción interesante, debes trabajar pensando en el largo plazo.

Discípulo: ¿Cómo es eso?

Maestro: Mientras ajustas tu sistema, ofrece la máxima ganancia, pero compartan el riesgo. Una vez que tengas el circuito cerrado y domines el mercado, podrás tomar capital más barato con menos riesgo, menos plazo y menos porcentaje. Al cabo de un tiempo de hacer negocios exitosos, ya tendrás el capital para hacerlo solo y el dinero ya no te costará más.

Discípulo: Ah, entiendo. Pero ahora estoy sufriendo con los plazos porque me los puse yo mismo.

Maestro: Eso es correcto. Recuerda que debes respetar más los mercados, suelen ser más malos que un potro sin domesticar. Las dos primeras operaciones al salir tan rápido te indujeron a error en cuanto a la respuesta del mercado.

Discípulo: Tienes razón, maestro. Gracias por tus consejos. Los tendré en cuenta en mi proyecto.

Maestro: Me alegra poder ayudarte, discípulo. Recuerda que manejar la relación con tus inversores de un modo claro y honesto te convertirá en una fuente de negocios para el futuro. La gente gusta de los buenos resultados, pero prefiere siempre la rectitud y la honestidad. Yo prefiero perder dinero una vez con alguien de confianza, que ganarlo con alguien que me deja dudas. Con el tipo recto y honesto puedo hacer negocios siempre, aunque a veces gane y a veces pierda. Con el tipo que me trae dudas, tal vez me salgan bien las cosas mientras ganemos, pero el día que nos toque perder, puede que desaparezca.

Mercado y Éxito

Maestro: Hola, ¿cómo estás? ¿Qué te trae por aquí hoy?

Discípulo: Hola, maestro. Estoy un poco preocupado por mi negocio. Quiero asegurarme de que estoy enfocando mis esfuerzos en lo correcto.

Maestro: Entiendo. ¿Cuál es tu idea de negocio?

Discípulo: Vender productos orgánicos para la salud en línea.

Maestro: Ah, veo. Bueno, hay algunos aspectos importantes a considerar al iniciar un negocio. ¿Has pensado en cuáles son los factores clave para el éxito?

Discípulo: Sí, he estado leyendo sobre el tema y creo que tener el proveedor y el capital son importantes.

Maestro: Bueno, esos son ciertamente factores importantes, pero no los más críticos. El factor más importante es el mercado.

Discípulo: ¿El mercado? ¿Qué quiere decir?

Maestro: El mercado se refiere a los clientes que compran tus productos. Sin ellos, no hay negocio. Piensa en un negocio exitoso como una suma de partes. Digamos que un negocio exitoso vale 100. Tener el proveedor en un artículo no exclusivo, vale 10. Tener el capital para hacer el negocio vale 20. Tener el cliente o mercado vale 70.

Discípulo: Entiendo. Así que, si entiendo bien, debo concentrarme en el mercado y en cómo llegar a mis clientes.

Maestro: Exactamente. Es importante que entiendas que no es suficiente tener un buen producto o un proveedor confiable. Si no tienes un mercado dispuesto a comprar tus productos, no tendrás éxito. Por lo tanto, debes concentrarte en llegar a tus clientes y satisfacer sus necesidades.

Discípulo: ¿Cómo puedo hacer eso?

Maestro: Hay varias formas de hacerlo. Primero, debes conocer a tus clientes. Investiga quiénes son, qué necesidades tienen, qué les gusta y qué les disgusta. Una vez que entiendas a tus clientes, puedes adaptar tu oferta para satisfacer sus necesidades. También debes asegurarte de que tu oferta llegue a tu mercado objetivo. Esto puede incluir publicidad, marketing en redes sociales y promociones especiales.

Discípulo: Entiendo. Parece que hay mucho trabajo por hacer.

Maestro: Sí, hay mucho trabajo por hacer, pero recuerda que esto es parte del proceso de construir un negocio exitoso. No te rindas si las cosas no funcionan al principio. Debes ser persistente y estar dispuesto a aprender de tus errores.

Discípulo: ¿Hay algún consejo adicional que puedas darme?

Maestro: Sí, hay una cosa más que debes recordar. No te concentres demasiado en tener el proveedor o el capital perfectos. Estos son importantes, pero no los más críticos. En cambio, debes concentrarte en tu mercado y en cómo llegar a ellos. Si haces esto bien, el proveedor y el capital seguirán.

Discípulo: Gracias, maestro. Me has dado mucho en qué pensar.

Maestro: De nada, discípulo. Recuerda que la clave del éxito es enfocarse en el mercado y en cómo llegar a ellos. Si lo haces bien, tendrás un negocio exitoso.

Plan y Metas

Maestro: Hola, discípulo. Hoy quiero hablarte de la importancia de tener un plan financiero con metas. ¿Qué opinas al respecto?

Discípulo: Creo que es crucial tener un plan financiero claro y definido, ya que nos ayuda a visualizar nuestros objetivos y trabajar en consecuencia para lograrlos.

Maestro: Efectivamente. En este juego, hay dos "motorcitos" que nos llevan a la meta: la rentabilidad y la acumulación de capital. ¿Estás de acuerdo?

Discípulo: Claro. La rentabilidad que obtenemos en nuestros negocios nos ayuda a acumular más capital en el Fondo de Inversión, y eso nos permite tener más dinero disponible para invertir en el futuro.

Maestro: Exacto. Pero, además de la rentabilidad, es importante que también estemos sumando capital al Fondo, ya sea con ahorros, ingresos extras, o cualquier otra fuente de ingreso. ¿Qué opinas al respecto?

Discípulo: Totalmente de acuerdo. Al tener más capital en el Fondo, aumentamos nuestras posibilidades de aprovechar oportunidades de inversión que se presenten en el futuro.

Maestro: Así es. Por eso, te propongo una estrategia: por

un lado, haz negocios y genera utilidades, y por otro, mete dinero a tu Fondo de Inversión de cualquier manera posible. Lo importante es que estés sumando capital constantemente, sin importar la fuente.

Discípulo: Entiendo. Es como tener dos fuentes de ingreso que trabajan juntas para aumentar nuestro capital.

Maestro: Exacto. Y lo valioso de esta estrategia es que, sin darnos cuenta, cada vez tendremos más dinero disponible para invertir en negocios cada vez más ambiciosos.

Discípulo: Y eso nos permitirá seguir creciendo y avanzando en las diferentes etapas de nuestros objetivos financieros.

Maestro: Así es. La clave está en tener siempre un plan claro y trabajar en consecuencia para lograr nuestras metas. No importa si empiezas desde cero o si ya tienes un capital inicial, lo importante es que estés sumando constantemente al Fondo de Inversión.

Discípulo: Y al hacerlo, tendremos más opciones y oportunidades para hacer crecer nuestro capital.

Maestro: Eso es. Recuerda que, mientras más dinero tengas en el Fondo, mejores oportunidades podrás aprovechar en el futuro. Así que sigue trabajando duro, avanzando en tus metas y sumando capital constantemente. El dinero acumulado lo harás rendir cuando llegue el momento, pero hay que tenerlo primero.

Discípulo: Entendido, maestro. Siempre es valioso recordar la importancia de tener un plan financiero claro y trabajar en consecuencia para lograr nuestras metas.

Maestro: Así es, discípulo. Siempre es importante estar atentos a los detalles y trabajar con perseverancia y sabiduría para alcanzar nuestros objetivos.

Metas y Experiencia

Discípulo: Hola, maestro. Estoy un poco frustrado por no haber logrado mi objetivo financiero este año.

Maestro: Entiendo. ¿Puedes contarme más sobre tu objetivo?

Discípulo: Quería ganar mucho dinero invirtiendo en bienes raíces y tener éxito como inversor inmobiliario.

Maestro: Ah, ya veo. ¿Y cómo te fue?

Discípulo: No fue como esperaba. Invertí en una propiedad que pensé que tendría un gran retorno, pero terminé perdiendo dinero.

Maestro: Lo siento mucho. Pero, ¿puedo hacerte una pregunta? ¿Tenías experiencia previa en la inversión inmobiliaria?

Discípulo: No, no realmente.

Maestro: Entiendo. La inversión inmobiliaria es un juego peligroso, especialmente si no tienes experiencia. Es importante que comiences con algo pequeño y fácil de manejar, y vayas aprendiendo gradualmente.

Discípulo: Sí, entiendo eso ahora. Pero, ¿qué pasa si tengo un gran objetivo como crear un hotel internacional de 5 estrellas y hacerlo famoso?

Maestro: Bueno, esa es una gran meta, pero también es importante ser realista. Si nunca has administrado un hotel antes, puede ser difícil hacer algo tan grande y exitoso de inmediato.

Discípulo: Entonces, ¿qué debo hacer?

Maestro: Comienza con algo pequeño y aprende a administrar un hotel básico. Aprende las habilidades y los conocimientos necesarios para hacerlo bien. Luego, una vez que hayas adquirido experiencia, podrás seguir avanzando hacia metas más grandes y ambiciosas.

Discípulo: Sí, veo que tiene sentido. Pero, ¿cómo puedo medir mi éxito?

Maestro: El éxito no siempre se mide en términos de ganancias financieras. Puede ser algo tan simple como ganar un dólar al día. Lo importante es que establezcas metas realistas y te concentres en aprender y mejorar gradualmente.

Discípulo: ¿Y qué pasa si cometo errores o fallo en algo?

Maestro: Los errores y los fracasos son parte del proceso de aprendizaje. Todos cometemos errores, pero lo importante es aprender de ellos y mejorar. No te desanimes si algo no sale como esperabas. Simplemente toma las lecciones que has aprendido y sigue adelante.

Discípulo: Entiendo. Así que, en resumen, debo comenzar con pequeñas metas y aprender gradualmente, ser realista en mis objetivos y no dejar que el exceso de optimismo me ciegue.

Maestro: Exactamente. Estudia, prepárate, prueba y adquiere experiencia. Y, sobre todo, sé paciente contigo mismo. El éxito no llega de la noche a la mañana, pero si te concentras en aprender y mejorar, los resultados llegarán por sí solos.

Inversor o Emprendedor

Discípulo: Maestro, últimamente he estado pensando en iniciar un negocio propio, pero tengo dudas sobre si enfocarme en la idea o en la rentabilidad.

Maestro: Es importante que comprendas la diferencia entre ser un inversor y ser un emprendedor. El inversor busca la rentabilidad, mientras que el emprendedor persigue una idea o un sueño.

Discípulo: Entonces, ¿qué es lo que debería entusiasmarme más, la idea o la rentabilidad?

Maestro: Si te entusiasma la idea, eso es excelente. Pero debes tener en cuenta que no estás hablando en términos económicos. Lo que quieres es sentir la adrenalina del movimiento, la emoción de hacer. Pero si buscas rentabilidad, necesitas ordenar tu análisis y evaluar el capital y tiempo que debes invertir, los resultados esperados y el nivel de certeza o riesgo de tu propuesta.

Discípulo: Entiendo. Pero, ¿cómo puedo saber si mi idea es rentable?

Maestro: Eso depende del nivel de certeza o riesgo de tu propuesta. Debes evaluar si tu idea es viable y sostenible en el mercado. También debes analizar a tu competencia y su posición en el mercado.

Discípulo: ¿Qué factores debo considerar al evaluar la rentabilidad de mi idea?

Maestro: Debes considerar los costos de producción, los precios de venta, la demanda del mercado y las tendencias del mercado. También es importante que identifiques tus fortalezas y debilidades, y cómo puedes aprovechar tus fortalezas para competir en el mercado.

Discípulo: ¿Y cómo puedo evaluar el nivel de certeza o riesgo de mi propuesta?

Maestro: Debes analizar los posibles obstáculos que puedan surgir y cómo puedes superarlos. También debes evaluar los factores externos que puedan afectar tu negocio, como los cambios en el mercado o en la economía.

Discípulo: Entiendo. ¿Y si el resultado de mi análisis es positivo?

Maestro: Si el resultado es positivo, puedes seguir adelante con tu idea. Pero debes estar preparado para trabajar duro y enfrentar los desafíos que puedan surgir en el camino.

Discípulo: ¿Y si el resultado es negativo?

Maestro: Si el resultado es negativo, debes considerar si puedes hacer ajustes en tu idea para mejorar su rentabilidad. Si no es posible, es mejor no seguir adelante con el proyecto y buscar otras oportunidades.

Discípulo: Gracias por tus consejos, maestro. Me han sido de gran ayuda para tomar una decisión más informada sobre mi idea de negocio.

Maestro: Recuerda, ser un emprendedor requiere pasión y dedicación. Pero también es importante tener una mentalidad empresarial sólida y estar dispuesto a trabajar duro para lograr el éxito.

Momento Oportuno

Maestro: Bien, discípulo. Parece que estás entendiendo la importancia de la paciencia y la sabiduría en el mundo de los negocios.

Discípulo: Sí, maestro. Pero ¿cómo sé cuándo es el momento justo para actuar?

Maestro: Esa es una buena pregunta. Saber cuándo actuar requiere de una combinación de conocimiento, experiencia y, sobre todo, intuición. Tienes que estudiar el mercado, analizar las tendencias, y confiar en tu instinto.

Discípulo: Pero ¿qué pasa si me equivoco?

Maestro: La verdad es que, a veces, te equivocarás. Pero eso es parte del aprendizaje. Aprenderás de tus errores y sabrás cómo evitarlos en el futuro.

Discípulo: Entiendo. Y, ¿cómo puedo asegurarme de que estoy actuando de manera inteligente?

Maestro: La inteligencia no solo se trata de conocimiento. También se trata de cómo aplicas ese conocimiento. Necesitas tener una mente clara y un enfoque claro. Además, debes ser capaz de adaptarte a los cambios y ser flexible en tu enfoque.

Discípulo: Eso suena bien. ¿Qué hay de tener un método

para hacer las cosas?

Maestro: Un método es importante. Pero no te aferres demasiado a él. Debes ser capaz de adaptarte a las circunstancias y cambiar tu método si es necesario. Además, un método no es una garantía de éxito. Es solo una herramienta para ayudarte a alcanzar tus objetivos.

Discípulo: Entiendo. Y, ¿cómo puedo asegurarme de tener éxito?

Maestro: El éxito no se trata solo de ganar dinero. Se trata de lograr tus objetivos y encontrar la felicidad y la satisfacción en lo que haces. Debes tener una visión clara de lo que quieres lograr y trabajar duro para alcanzarlo.

Discípulo: Entonces, ¿qué debería hacer si quiero tener éxito?

Maestro: Primero, debes definir lo que es el éxito para ti. Luego, debes tomar medidas concretas para alcanzar ese éxito. Esto puede incluir aprender nuevas habilidades, buscar mentores, trabajar más duro y ser más persistente.

Discípulo: Entiendo. Gracias, maestro, por tus consejos.

Maestro: Recuerda, la paciencia, la sabiduría y la perseverancia son claves para el éxito en cualquier negocio. Si trabajas duro y te enfocas en tus objetivos, lograrás el éxito que deseas.

Experiencia, Olfato y Suerte

Maestro: La experiencia, el olfato y la suerte pueden ser factores clave para el éxito en cualquier inversión o emprendimiento. Sin embargo, no podemos depender completamente de ellos.

Discípulo: ¿Cómo se puede desarrollar el olfato y la experiencia, maestro?

Maestro: La experiencia se adquiere con el tiempo y la práctica. Es importante que te expongas a diferentes situaciones y aprendas de cada una de ellas. El olfato es una combinación de conocimiento y habilidad para leer entre líneas. Necesitas estudiar y analizar el mercado para detectar oportunidades.

Discípulo: ¿Y qué hay de la suerte?

Maestro: La suerte es algo que no se puede controlar. Pero si estás preparado y tienes las herramientas necesarias, estarás más preparado para aprovechar las oportunidades cuando se presenten. La suerte es simplemente la combinación de la preparación y la oportunidad.

Discípulo: ¿Qué más podemos hacer para minimizar el riesgo?

Maestro: Además del análisis de riesgo y las garantías, es

importante tener un plan de contingencia en caso de que las cosas no salgan como se esperaba. Es importante ser flexible y estar preparado para hacer ajustes en el camino si es necesario.

Discípulo: ¿Qué pasa si ya hemos invertido y las cosas no van bien?

Maestro: Es importante no entrar en pánico y tomar decisiones impulsivas. En cambio, analiza la situación y trata de encontrar soluciones para minimizar las pérdidas y maximizar las ganancias. Si es necesario, busca asesoramiento de expertos en la materia.

Discípulo: ¿Cómo podemos saber si estamos tomando decisiones inteligentes?

Maestro: Las decisiones inteligentes son aquellas que se toman después de un análisis cuidadoso y considerando todos los factores relevantes. Además, es importante tener una estrategia clara y un plan bien definido para alcanzar tus metas. Si tus decisiones están respaldadas por datos y análisis, entonces puedes tener confianza en ellas.

Discípulo: Entiendo, maestro. Entonces, ¿cuál es el secreto para ser un buen inversor o emprendedor?

Maestro: El secreto es una combinación de preparación, paciencia, flexibilidad y una mentalidad enfocada en el éxito a largo plazo. Es importante no tomar decisiones impulsivas y buscar siempre la rentabilidad, pero también es importante recordar que el éxito no llega de la noche a la mañana. El camino hacia el éxito puede ser largo y difícil, pero si tienes las herramientas necesarias y una actitud positiva, puedes lograr cualquier cosa que te propongas.

Garantías y Riesgo

Discípulo: Entiendo que es importante tener alguna herramienta legal para respaldar las operaciones financieras, pero ¿cómo puedo estar seguro de que un cliente es honesto y estable?

Maestro: El análisis de riesgo es clave. Debes conocer su historial crediticio, verificar su capacidad de pago y, si es posible, pedir referencias de terceros. Pero, al final, siempre existe un riesgo.

Discípulo: ¿Y qué pasa si el cliente no puede ofrecer garantías suficientes?

Maestro: En ese caso, debes evaluar si la operación es viable o no. Si no tienes confianza en que puedas recuperar tu inversión, es mejor no seguir adelante.

Discípulo: ¿Y qué hago si el cliente ya tiene una deuda conmigo y no paga?

Maestro: Primero, debes tratar de llegar a un acuerdo amistoso con el cliente. Si eso no funciona, puedes recurrir a un abogado para que te asesore sobre las acciones legales que puedes tomar para recuperar tu dinero.

Discípulo: Entiendo. ¿Pero qué pasa si no tengo los recursos para contratar un abogado?

Maestro: Entonces, debes tratar de resolver el problema de manera amistosa con el cliente. Si no puedes recuperar el dinero, debes aprender de la experiencia y tomar medidas para reducir el riesgo en futuras operaciones.

Discípulo: Me parece muy sensato. ¿Qué otras recomendaciones puedes darme para manejar el crédito a mis clientes?

Maestro: Recuerda siempre mantener un equilibrio entre el riesgo y la rentabilidad. No te dejes llevar por la emoción del momento y evalúa cada operación de manera objetiva. Y, sobre todo, aprende de tus errores y de las experiencias de otros para mejorar tu criterio.

Tiempo y Dinero

Discípulo: Maestro, entiendo que cuando pones dinero y tiempo en un negocio, estás en una categoría diferente que cuando solo pones dinero, ¿cierto?

Maestro: Sí, así es. Cuando solo pones dinero, estás en el cuadrante de los inversores. Pero si pones dinero y tiempo, estás en el cuadrante de los autoempleados o empresarios.

Discípulo: ¿Pero cuál es la diferencia entre los autoempleados y los empresarios?

Maestro: Los autoempleados son dueños de su propio trabajo, mientras que los empresarios tienen sistemas y empleados que trabajan para ellos.

Discípulo: Entiendo, pero ¿cómo se puede avanzar de un cuadrante a otro?

Maestro: A veces tienes que pasar por una etapa antes de llegar a la otra. Por ejemplo, es difícil encontrar a alguien que administre tu dinero y te traiga ganancias sin que tengas que hacer nada. Pero, mientras más tiempo permanezcas en un mercado y te vuelvas más experto en el mismo, más posibilidades tienes de encontrar a alguien así.

Discípulo: ¿Y qué pasa si no encuentro a esa persona?

Maestro: Aunque no encuentres a esa persona, puedes seguir avanzando. Por ejemplo, si antes trabajabas 40 horas semanales y ganabas $2000 al mes, pero ahora trabajas 6 horas a la semana en tu propio negocio y ganas $8000 al mes, es una gran diferencia. Además, con más tiempo libre, tendrás más oportunidades de encontrar negocios y ganar aún más dinero.

Discípulo: Entonces, ¿es mejor trabajar menos horas y ganar más dinero?

Maestro: No necesariamente es mejor trabajar menos horas y ganar más dinero, pero es importante tener en cuenta que el tiempo es un recurso limitado y valioso. Si puedes hacer lo mismo en menos tiempo y ganar más dinero, es una gran ventaja.

Discípulo: Me parece muy interesante. ¿Y qué pasa si no logro ganar tanto dinero como antes, pero mi mente se ha vuelto una usina de ideas?

Maestro: Eso es un gran triunfo. A veces, lograr metas parciales también es importante, ya que te ayudan a avanzar hacia tus objetivos finales. Si tu mente se ha vuelto más creativa e innovadora, ya estás en el camino correcto.

Discípulo: Me queda claro. Gracias por tus enseñanzas, maestro.

Maestro: Siempre es un placer compartir mis

conocimientos contigo, discípulo. Recuerda, la clave del éxito es la perseverancia y la constante búsqueda de mejora.

Visión y Foco

Discípulo: Maestro, estoy trabajando en un proyecto de cocina solar y me gustaría recibir su consejo sobre cómo enfocar mi emprendimiento.

Maestro: Mira, es importante que pienses a largo plazo y te anticipes a los cambios que se avecinan en el mercado. La crisis de los combustibles fósiles es una realidad y las energías alternativas cobrarán mucha importancia en los próximos años.

Discípulo: Sí, estoy de acuerdo. Por eso, mi proyecto se enfoca en la cocina solar como una forma de utilizar energía renovable y amigable con el medio ambiente.

Maestro: Exacto, pero lo que quiero que entiendas es que cuando armes tu emprendimiento, no lo pienses solo en función de la cocina solar. Es importante que tengas un enfoque más amplio para poder crecer en el futuro.

Discípulo: ¿A qué se refiere, maestro?

Maestro: Quiero decir que en lugar de crear una empresa llamada "Cocinas Solares S.A.", piensa en algo más amplio como "Energías Solares S.A.". De esta manera, tendrás margen para crecer y ampliar tus productos en función de las necesidades del mercado.

Discípulo: Ah, ya veo. Entonces, si en el futuro quiero

ampliar mi oferta de productos a otras energías renovables, como el biodiesel o la energía eólica, podré hacerlo sin problemas.

Maestro: Exactamente. Y si quieres ir más allá, podrías incluso pensar en llamarla "Energías Alternativas S.A.". Así tendrías un enfoque aún más amplio y no te limitarías a una sola forma de energía renovable.

Discípulo: Entiendo, pero ¿no hay riesgo de confundir a la gente si cambio el enfoque de mi emprendimiento?

Maestro: Es importante que tengas en cuenta que no debes confundir a la gente ni a ti mismo en el presente. Si hoy tienes un proyecto de cocina solar, debes concentrarte en él. Pero a medida que vayas creciendo y tengas más productos y servicios, no querrás quedarte limitado por el nombre de tu empresa.

Discípulo: Entiendo lo que dices, Maestro. Es importante tener una visión amplia del negocio y no limitarse solo a un producto o servicio específico.

Maestro: Exacto, porque las cosas cambian rápidamente y hay que estar preparado para adaptarse. Por eso es importante tener un enfoque flexible.

Discípulo: ¿Y cómo puedo estar seguro de que mi idea es original y no alguien más ya la ha desarrollado antes?

Maestro: Es difícil estar seguro al cien por ciento, pero hay formas de investigar antes de invertir tiempo y dinero en el desarrollo de un producto. Investiga lo que ya existe en el mercado y analiza cómo puedes mejorar o innovar en eso.

Discípulo: Entonces, ¿no debería preocuparme por competir con otros negocios que ya ofrecen productos similares?

Maestro: No necesariamente. La competencia es natural en cualquier mercado. Lo importante es que te enfoques en lo que puedes hacer mejor y en cómo puedes ofrecer algo diferente y valioso a tus clientes.

Discípulo: ¿Y qué consejos tienes para la parte comercial de mi negocio?

Maestro: Enfócate en las necesidades de tus clientes y en cómo puedes satisfacerlas. Investiga a tu público objetivo y entiende sus problemas y necesidades. Luego, desarrolla una estrategia de marketing efectiva que llegue a ese público de manera clara y efectiva.

Discípulo: ¿Y cómo puedo hacer para que mi negocio crezca?

Maestro: La clave es la perseverancia y la paciencia. No esperes resultados inmediatos. Construye relaciones sólidas con tus clientes y proveedores, y enfócate en el largo plazo. También es importante que siempre busques oportunidades de mejora y crecimiento, y que estés dispuesto a tomar riesgos calculados.

Discípulo: Gracias, Maestro. Tus consejos me han sido de gran ayuda para enfocar mejor mi negocio.

Maestro: Me alegra poder ayudarte. Recuerda que el éxito en los negocios no es solo cuestión de suerte, sino de esfuerzo, dedicación y sabiduría.

Incubadoras

Maestro: Hola, discípulo. ¿Cómo te va con tu proyecto de cocina solar?

Discípulo: Hola, maestro. La verdad es que estoy un poco preocupado. He estado investigando sobre las incubadoras y no sé si realmente estoy aprovechando todo lo que pueden ofrecer.

Maestro: ¿Por qué dices eso? ¿Qué has descubierto?

Discípulo: He estado estudiando varias incubadoras y he visto que solo el 3% de ellas son realmente buenas. El resto son una burla y no ofrecen una ayuda real.

Maestro: Eso es cierto. Es importante que sepas que las incubadoras no siempre son la respuesta a tus problemas. Muchas veces, son solo una cáscara vacía de contenido.

Discípulo: Sí, eso es lo que me preocupa. Quiero asegurarme de que estoy aprovechando todo lo que la incubadora puede ofrecer, pero también quiero tener cuidado de no perder tiempo y energía en algo que no me va a ayudar.

Maestro: Eso es muy sabio. Es importante que aproveches todo lo que puedas de la incubadora, pero también es importante que tengas cuidado de no perder el tiempo. Recuerda que la utilidad de la incubadora depende de tu habilidad para moverte.

Discípulo: Sí, eso es lo que he estado pensando. Quiero asegurarme de que estoy aprovechando todo lo que puedo, pero también quiero ser cauteloso y no confiar demasiado en algo que puede ser solo teoría.

Maestro: Es importante que tengas eso en mente. Recuerda que lo más importante en cualquier negocio es la parte comercial. Si tienes una buena idea y sabes cómo venderla, puedes tener éxito incluso si no tienes el mejor producto.

Discípulo: Sí, eso es verdad. He estado pensando en eso también. Quiero asegurarme de que estoy enfocando mi energía en la parte comercial y no solo en el producto.

Maestro: Eso es muy sabio. Recuerda que tu empresa debe tener un enfoque amplio, no solo en la cocina solar. Asegúrate de que estás pensando en el futuro y dejándote margen para cambiar el foco de atención de la compañía sin que el nombre luego te perjudique.

Discípulo: Sí, eso es algo en lo que he estado pensando. Quiero asegurarme de que mi empresa no se limite a la cocina solar, sino que pueda adaptarse a los cambios del mercado.

Maestro: Eso es muy importante. Recuerda que los negocios exitosos suelen estar más enfocados en la parte comercial que en la parte técnica o del producto.

Concéntrate en la parte comercial y aprende a vender tus cocinas o cualquier otro producto que decidas ofrecer.

Discípulo: Sí, eso es algo en lo que he estado trabajando. Quiero asegurarme de que mi empresa tenga éxito en el mercado y pueda adaptarse a los cambios del futuro.

Maestro: Eso es muy sabio. Recuerda que las incubadoras pueden ser útiles, pero también debes ser cauteloso y asegurarte de que estás aprovechando todo lo que pueden ofrecer. Si te quedas sentado, pierdes.

Discípulo: Gracias maestro.

Sociedades y Acciones

Maestro: La idea de armar una sociedad es muy valiosa, pero es importante tener en cuenta la justicia en la distribución de la participación accionaria. Si tú has sido el creador de la idea y llevado la mayor carga de todo el proceso, es justo que tengas el mayor porcentaje posible. Es muy importante tener en cuenta que la justicia no siempre significa una distribución igualitaria.

Discípulo: Sí, maestro, estoy de acuerdo. Pero también siento que mis socios actuales tienen un rol importante en el proceso y se sentirían más involucrados si su participación es relevante. ¿Cómo puedo encontrar un equilibrio justo en esto?

Maestro: Es un problema de negociación y de previsión hacia el futuro. ¿Puedes confiar en tus actuales socios? ¿Son fundamentales para el negocio? Si es así, puedes ser generoso en la distribución de las acciones. Pero si no crees que sean útiles en el futuro, debes considerar un enfoque diferente.

Discípulo: Entiendo, maestro. ¿Podría usted darme un ejemplo de cómo podría distribuir las acciones en una sociedad?

Maestro: Claro, te puedo plantear un caso hipotético que podrías tomar como modelo para desarrollar tu esquema siendo una sociedad de tres personas y una incubadora. Supongamos que la incubadora nos pide el 10%, entonces dividimos el capital restante de la empresa en tres partes.

La primera parte, del 30%, la vamos a dividir entre los tres porque somos socios y estamos en esto juntos. Cada uno tendrá un 10%.

La segunda parte, también del 30%, la he reservado para los aportes de capital. Dependiendo del monto que aporten cada uno, se distribuirán las acciones correspondientes. Si alguien no aporta nada, no tendrá participación en esta parte.

Y la tercera parte, también del 30%, la he reservado para futuros inversores. Si en el futuro incorporan inversores, usaran este 30% anticipadamente antes de "ceder" una parte de lo que tengan cada uno. Si no necesitan inversores, ese 30% se reparte entre ustedes.

Discípulo: Comprendo, maestro. Pero, ¿cómo puedo estar seguro de que todos quedarán contentos con esta distribución?

Maestro: Si negocias adecuadamente y justificas tu modelo de distribución, todos podrán estar contentos. Lo importante es que la distribución tenga lógica y no sea simplemente el capricho de alguien. También es fundamental que la negociación se base en la confianza, la transparencia y la claridad de los términos.

Recuerda que lo que determina el grado de satisfacción de las personas no es tanto la cantidad de acciones que tengan, sino la forma en que se negocian las cosas. Si trabajas en equipo, confías en tus socios y les das participación en la empresa, podrán sentirse más involucrados y comprometidos con el éxito del negocio.

Crédito Bancario o Inversores

Maestro: Hola, discípulo. ¿Qué te trae por aquí hoy?

Discípulo: Maestro, tengo una pregunta sobre cómo evaluar si es mejor tomar un crédito bancario o meter inversores en mi empresa.

Maestro: Entiendo. Lo que necesitas comparar es el costo del crédito frente a la utilidad que se llevarán los inversores. Si tu proyecto es muy rentable, puede ser más conveniente tomar el crédito bancario, ya que una vez que lo pagues, el 100% de la rentabilidad será tuya.

Discípulo: ¿Y qué pasa si los inversores se quedan para siempre?

Maestro: En ese caso, ellos se llevarán parte de la utilidad durante toda la vida de la empresa. Por lo tanto, si piensas que tu proyecto será rentable a largo plazo, quizás debas evaluar si prefieres tener el control total de la empresa o repartirlo con los inversores.

Discípulo: ¿Y qué pasa si se negocia anticipadamente que los inversores se retiran una vez que cubren su capital y ganancias?

Maestro: En ese caso, habrás obtenido el capital que necesitabas sin perder el control de la empresa a largo plazo.

Discípulo: Entiendo, pero ¿qué pasa con el costo del capital? ¿Es lo mismo si lo tomo del banco o de los inversores?

Maestro: No necesariamente. Si tomas el capital del banco, sabes exactamente cuánto tendrás que pagar. En cambio, si lo tomas de inversores, quizás no sepas cuánto les tendrás que pagar. Esto puede ser menos o más que en el caso del banco.

Discípulo: Ahora entiendo. Pero, ¿cómo sé si debo tomar un crédito o aceptar inversores de riesgo?

Maestro: Eso depende del riesgo que quieras correr. Si tu proyecto es muy seguro, puedes calcular con exactitud ambas opciones. Pero si hay más incertidumbre, quizás sea mejor repartir el riesgo con los inversores. Si el proyecto sale mal, no tendrás deudas y los inversores aceptarán su pérdida. Si sale bien, ganarán más de lo que habrías pagado al banco, pero habrán corrido un mayor riesgo.

Discípulo: Gracias por tu sabiduría, maestro. Siempre aprendo algo nuevo de ti.

Maestro: El aprendizaje es un proceso constante. Siempre hay algo nuevo que aprender y mejorar en cada proyecto que emprendamos.

Variaciones del Mercado

Maestro: En el mercado, la ley de la oferta y la demanda es un factor importante que determina los precios. ¿Has notado cómo los precios de ciertos productos pueden fluctuar dependiendo de la temporada o la demanda del mercado?

Discípulo: Sí, es cierto, he notado que algunos productos pueden ser muy caros en ciertas épocas del año y más baratos en otras.

Maestro: Exacto. Es importante entender que el mercado está en constante cambio y que los precios pueden variar según varios factores, como la oferta y la demanda, la competencia y los costos de producción.

Discípulo: Entonces, ¿cómo puedo hacer para entrar en un mercado que ya está dominado por grandes competidores?

Maestro: Es importante ser creativo y encontrar nichos o segmentos que puedan ser más accesibles para un pequeño competidor. Por ejemplo, si el mercado de las computadoras nuevas está dominado por grandes empresas, puedes intentar enfocarte en la venta de servicios o equipos usados.

Discípulo: ¿Y qué hay de los mercados que no están dominados?

Maestro: En esos casos, es posible que puedas encontrar oportunidades de negocio interesantes. Sin embargo, debes tener en cuenta que estos mercados pueden ser más volátiles y menos predecibles que los mercados dominados. Es importante investigar bien antes de invertir en un mercado que no conoces bien.

Discípulo: ¿Cómo puedo saber si un mercado es seguro para invertir?

Maestro: No hay una respuesta sencilla a esa pregunta. Cada mercado es diferente y tiene sus propias características y riesgos. Es importante que hagas una investigación exhaustiva antes de tomar una decisión de inversión. También es importante que tengas en cuenta tu propia tolerancia al riesgo y tus objetivos a largo plazo.

Discípulo: ¿Qué consejos puedes darme para invertir sabiamente en el mercado?

Maestro: En primer lugar, es importante tener un plan bien definido y seguirlo de manera disciplinada. También es importante diversificar tu cartera de inversiones y tener un enfoque a largo plazo. No te dejes llevar por las emociones y evita tomar decisiones impulsivas. En última instancia, debes estar dispuesto a aceptar cierto nivel de riesgo en tus inversiones y estar preparado para enfrentar los altibajos del mercado.

Discípulo: Entiendo. ¿Hay alguna otra cosa que deba tener en cuenta al invertir en el mercado?

Maestro: Sí, es importante que mantengas una actitud de aprendizaje y estés dispuesto a adaptarte a los cambios en el mercado. Nunca dejes de buscar nuevas oportunidades y de explorar diferentes enfoques. También es importante que mantengas un equilibrio entre tus negocios y tu vida personal. No te obsesiones demasiado con el mercado y recuerda disfrutar de las cosas simples de la vida.

Discípulo: Gracias por tus consejos, Maestro. Tomaré en cuenta todo lo que me has enseñado.

Maestro: Recuerda, la sabiduría no es algo que se pueda adquirir de la noche a la mañana. Es un camino que requiere paciencia, disciplina y una mente abierta. Sigue adelante con tu camino y nunca dejes de aprender y crecer.

Ventana de Oportunidad

Discípulo: Maestro, me has enseñado mucho sobre cómo funciona un mercado y cómo encontrar oportunidades para hacer negocios. Pero ¿cómo sabemos cuándo estamos en una ventana de oportunidad?

Maestro: Buena pregunta. Las ventanas de oportunidad se presentan cuando hay una brecha en el mercado, una necesidad insatisfecha o un nicho que aún no ha sido explotado por los grandes competidores. Esto puede deberse a una variedad de factores, como cambios en la tecnología, cambios en la demanda del consumidor o cambios en las regulaciones gubernamentales.

Discípulo: Entonces, ¿cómo podemos identificar estas oportunidades?

Maestro: Para encontrar una ventana de oportunidad, debemos estar atentos a las tendencias del mercado y ser proactivos al investigar y buscar información. También es importante tener una mente abierta y estar dispuestos a pensar fuera de la caja.

Discípulo: ¿Qué debemos hacer una vez que hemos identificado una ventana de oportunidad?

Maestro: Una vez que hemos identificado una ventana de oportunidad, debemos actuar rápidamente y ser ágiles en nuestra respuesta. Debemos tener un plan sólido y una estrategia clara para aprovechar la oportunidad antes de que desaparezca.

Discípulo: Pero, ¿cómo podemos competir con los grandes competidores en un mercado establecido?

Maestro: No debemos tratar de competir directamente con los grandes competidores en un mercado establecido. En su lugar, debemos buscar segmentos especiales donde podamos ofrecer algo único o diferente, o enfocarnos en negocios con excelentes ganancias de entrada. Debemos ser flexibles y estar dispuestos a adaptarnos a las necesidades del mercado y de los consumidores.

Discípulo: Entiendo. Pero, ¿qué pasa si estamos en un país con un sistema financiero deficiente?

Maestro: En países sin buenos sistemas financieros, puede haber oportunidades debido a los altos costos de financiamiento que cobran los prestamistas privados. Pero debemos ser cuidadosos y considerar los riesgos involucrados en tales transacciones.

Discípulo: ¿Qué consejos adicionales nos darías para encontrar una ventana de oportunidad?

Maestro: Debemos mantener una mente abierta y estar dispuestos a aprender y adaptarnos constantemente. Debemos estar en constante búsqueda de información y estar dispuestos a tomar riesgos calculados. Y finalmente, debemos ser pacientes y estar listos para actuar rápidamente cuando se presente una oportunidad.

Discípulo: Gracias, Maestro. Tus enseñanzas son siempre valiosas.

Maestro: Recuerda siempre, mi querido discípulo, que el éxito en los negocios no se trata solo de encontrar oportunidades, sino de tener la sabiduría y la habilidad para aprovecharlas de manera efectiva.

Estrategias Engañosas

Maestro: Es interesante ver cómo las empresas utilizan diferentes técnicas para hacer que los clientes crean que están obteniendo un gran beneficio, cuando en realidad están pagando más.

Discípulo: Sí, me parece un poco injusto que las empresas aprovechen la ignorancia de las personas para engañarlas.

Maestro: Pero la ignorancia no es excusa, debemos ser responsables de nuestras decisiones y aprender a detectar estas estrategias.

Discípulo: ¿Cómo podemos detectar estas estrategias?

Maestro: Una forma es comparar los precios en diferentes lugares antes de hacer una compra. También podemos preguntar por el precio de contado y el precio financiado, para ver si hay alguna diferencia.

Discípulo: Entiendo, pero ¿qué pasa si no puedo pagar en efectivo y necesito financiar?

Maestro: Siempre es importante leer los términos y condiciones antes de aceptar cualquier oferta de financiamiento. Muchas veces, las tasas de interés son muy altas y terminamos pagando mucho más de lo que deberíamos.

Discípulo: Entonces, ¿cómo podemos hacer para obtener un buen financiamiento?

Maestro: Lo mejor es investigar y comparar diferentes opciones de financiamiento, buscando la opción que tenga las tasas más bajas y las condiciones más favorables.

Discípulo: ¿Y qué pasa si hay una oferta de financiamiento sin interés?

Maestro: En esos casos, siempre es importante leer la letra chica. Muchas veces, estos "sin interés" tienen cargos ocultos o algún otro costo que termina haciendo que el producto sea más caro.

Discípulo: Entiendo, así que es importante tener cuidado al aceptar cualquier oferta.

Maestro: Exacto, y siempre debemos recordar que una buena oferta no es solo aquella que tiene un precio bajo, sino aquella que nos brinda el mejor valor por nuestro dinero.

Discípulo: Gracias por compartir tu sabiduría, maestro. A partir de ahora, seré más consciente al momento de hacer compras y tomar decisiones financieras.

Maestro: Siempre es importante aprender de nuestras experiencias y hacer un esfuerzo por mejorar. ¡Que la sabiduría te guíe en tus decisiones!

Calcular Negocio

Discípulo: Maestro, quisiera saber cómo calcular los costos de un negocio de manera adecuada para evitar que me salgan caros.

Maestro: Es una excelente pregunta, discípulo. El primer consejo que te puedo dar es que nunca calcules los costos con números "baratos". Siempre es mejor estimar con números "caros" para estar preparado ante cualquier eventualidad.

Discípulo: Pero, ¿no es mejor calcular con números bajos para asegurarnos de que el negocio será rentable?

Maestro: No necesariamente, discípulo. Siempre hay imprevistos y gastos inesperados que pueden surgir en cualquier momento. Si calculas con números bajos y te enfrentas a estos problemas, te darás cuenta de que el negocio no es rentable y habrás perdido tiempo y dinero.

Discípulo: Entonces, ¿cómo puedo estar seguro de que mi negocio será rentable?

Maestro: Lo importante es que calcules con números realistas y no te dejes llevar por la emoción o el entusiasmo del momento. Si, incluso con números "caros", el negocio sigue siendo rentable, entonces podrás mejorarlo y obtener más ganancias.

Discípulo: ¿Y qué pasa si el negocio no es rentable incluso con números "caros"?

Maestro: Entonces, debes ser honesto contigo mismo y aceptar que ese negocio no es para ti en este momento. No tiene sentido invertir tiempo y dinero en algo que no es viable. Aprende de esa experiencia y sigue adelante.

Discípulo: ¿Puedes darme un ejemplo práctico de cómo aplicar esta filosofía?

Maestro: Claro. Por ejemplo, si estás pensando en invertir en bienes raíces, debes calcular el costo de compra del terreno, la construcción, los impuestos, la publicidad y cualquier otro gasto adicional que pueda surgir. Si después de calcular con números "caros" y sumar todos estos gastos, el negocio sigue siendo rentable, entonces puedes seguir adelante y buscar maneras de mejorar esos números.

Discípulo: ¿Pero cómo puedo saber si estoy calculando con números "caros" o "baratos"?

Maestro: Es cuestión de experiencia. A medida que vayas emprendiendo negocios y adquiriendo conocimiento, irás aprendiendo a calcular con números realistas. Además, puedes buscar asesoramiento de expertos en el tema para que te ayuden a calcular de manera más precisa.

Discípulo: Entonces, ¿la clave es ser realista en todo momento?

Maestro: Exacto. La realidad es que cualquier negocio conlleva riesgos y problemas. Si eres realista y calculas con números "caros", estarás mejor preparado para enfrentar cualquier situación que pueda surgir. Recuerda que no hay magia en los negocios, solo números y realidades.

El Dinero Es Lo Que Sobra

Discípulo: Maestro, me llama la atención esta frase que dice que el dinero es lo que sobra y lo que faltan son buenos proyectos. ¿Podría explicarme más sobre esto?

Maestro: Claro, discípulo. Muchas personas piensan que el dinero es el principal recurso necesario para llevar a cabo un proyecto exitoso. Pero en realidad, lo más importante es tener una idea clara y bien estructurada que pueda generar rentabilidad. Si tienes una buena idea, el dinero fluirá fácilmente.

Discípulo: Entonces, ¿el problema es encontrar ideas rentables?

Maestro: Exacto, discípulo. Muchas personas tienen ideas, pero pocas logran convertirlas en proyectos viables y rentables. Esa es la verdadera dificultad. No basta con tener una idea, hay que saber cómo convertirla en un proyecto organizado y rentable.

Discípulo: ¿Cómo se puede saber si un proyecto es viable y rentable?

Maestro: Hay que hacer un análisis exhaustivo de los números y tener una visión clara del mercado y la competencia. Si los números muestran que el proyecto es rentable y viable, entonces es una buena señal. Pero también hay que tener en cuenta que no todos los proyectos son adecuados para todos los inversores. Cada uno debe buscar aquellos proyectos que se adapten a su presupuesto y capacidad de inversión.

Discípulo: ¿Es difícil encontrar proyectos así?

Maestro: Sí, discípulo. Como te mencioné antes, son pocos los proyectos que cumplen con todos los requisitos necesarios para ser considerados rentables y viables. Pero esto no significa que no existan. Hay que tener paciencia y dedicar tiempo y esfuerzo para encontrarlos.

Discípulo: ¿Qué consejo me daría para encontrar buenos proyectos?

Maestro: Mi consejo sería que mantengas una mente abierta y estés dispuesto a aprender y explorar nuevas ideas y oportunidades. No te aferres a una sola idea o proyecto, sino que estés dispuesto a explorar y analizar diferentes opciones. También es importante tener una buena red de contactos y buscar asesoramiento de expertos en el campo en el que deseas invertir.

Discípulo: Entiendo, maestro. ¿Qué importancia tiene el dinero en todo esto?

Maestro: El dinero es un recurso importante, pero no es lo más importante. Como te mencioné antes, si tienes una idea clara y rentable, el dinero fluirá fácilmente. Pero también es importante saber manejar el dinero y tener una visión clara de cómo invertirlo de manera inteligente.

Discípulo: Maestro, a veces siento que no voy a poder aprender nunca a invertir y hacer buenos negocios, que siempre voy a tropezar con los mismos errores.

Maestro: Es comprensible que te sientas así al principio, como cuando aprendes a andar en bicicleta. Pero de repente, algo hace "click" en tu mente y todo cambia. Y así será.

Discípulo: Sí, pero a veces me impaciento y quiero ver resultados inmediatos.

Maestro: La paciencia es una virtud importante en los negocios, no puedes esperar ver resultados inmediatos. Tendrás que trabajar duro, cometer errores y aprender de ellos. Esa es la única forma de avanzar.

Discípulo: Pero, ¿cómo sé que estoy avanzando en la dirección correcta?

Maestro: La única forma de saber si estás avanzando en la dirección correcta es si estás aprendiendo de tus errores y mejorando tu estrategia. Si sigues cometiendo los mismos errores una y otra vez, entonces no estás avanzando.

Discípulo: Entiendo, pero ¿cómo sé cuándo estoy listo para invertir de verdad en negocios?

Maestro: Debes sentirte cómodo y seguro en tus habilidades y estrategias de inversión antes de comenzar a invertir en serio. Asegúrate de conocer bien el mercado, las empresas y las tendencias antes de hacer cualquier inversión.

Discípulo: Y si pierdo dinero en una inversión, ¿qué debo hacer?

Maestro: Perder dinero en una inversión es doloroso, pero es importante aprender de tus errores y seguir adelante. Siempre habrá altibajos en el mercado, pero si tienes una estrategia sólida y una mentalidad de largo plazo, puedes superar las pérdidas y obtener ganancias.

Discípulo: Gracias, maestro. A veces me siento frustrado, pero tus palabras me dan ánimo para seguir adelante.

Maestro: Recuerda, la inversión es como andar en bicicleta. Puede ser difícil al principio, pero con práctica y paciencia, siempre puedes aprender y mejorar. Y cuando algo haga "click" en tu mente, nunca volverás a caer.

Encontrar Buenos Proyectos

Discípulo: Maestro, parece que el proceso de aprender a invertir en negocios es bastante complicado y desafiante.

Maestro: Sí, así es. Es como andar en bicicleta. Al principio, uno se cae y no logra avanzar, pero con el tiempo y la práctica, de repente, todo hace clic y ya no se cae más.

Discípulo: ¿Y cómo puedo encontrar un buen proyecto en el que invertir?

Maestro: Lo mejor es buscar en el territorio que conoces y donde sabes que hay oportunidades. Las casualidades rara vez te llevarán a un proyecto que te guste o comprendas.

Discípulo: Entonces, ¿debería esperar a que aparezca un gran proyecto?

Maestro: No, Debes estar siempre activo y buscar oportunidades constantemente. No importa cuánto tiempo tardes en encontrar un proyecto adecuado. Lo importante es que aprendas en el proceso.

Discípulo: ¿Y si no encuentro ningún proyecto bueno?

Maestro: No te preocupes por eso. Lo importante es que te esfuerces y des lo mejor de ti en el proceso. Debes vivir experiencias que te enseñen y te den herramientas para cuando llegue el momento adecuado.

Discípulo: Pero, ¿cómo puedo saber si el proyecto en el que quiero invertir es rentable y viable?

Maestro: Debes investigar y analizar bien el proyecto antes de invertir. Asegúrate de que sea viable y rentable. Y recuerda que incluso si pierdes en un proyecto, siempre aprenderás algo nuevo.

Discípulo: ¿Y qué pasa si descubro que esto no es para mí?

Maestro: No te preocupes si descubres que invertir en negocios no es lo tuyo. Siempre es mejor conocerse a uno mismo y encontrar la felicidad en otras cosas, como trabajar y ahorrar.

Discípulo: Entonces, ¿cómo puedo tener éxito en este proceso?

Maestro: Lo importante es que te esfuerces y te comprometas con el proceso. Debes tener paciencia y no desanimarte ante las dificultades. Recuerda que el éxito llega con el tiempo y la perseverancia.

Discípulo: Gracias, maestro, por tus enseñanzas.

Maestro: De nada, discípulo. Recuerda siempre dar lo mejor de ti en todo lo que hagas. Los resultados llegarán con el tiempo y la dedicación.

Foco de Inversión

Maestro: Hola, discípulo. ¿Cómo estás hoy?

Discípulo: Hola, maestro. Estoy bien, gracias por preguntar. Quería hablar contigo sobre algo que me preocupa mucho. Quiero invertir en un negocio, pero me siento un poco nervioso porque nunca antes he invertido una cantidad tan grande de dinero.

Maestro: Comprendo tu preocupación. ¿Te sientes así porque temes perder tu inversión?

Discípulo: Sí, exactamente. Cuando tenía muy poco dinero, me sentía más confiado en hacer negocios porque las pérdidas no dolían tanto. Pero ahora siento que si pierdo este dinero, sería un gran golpe para mí.

Maestro: Entiendo tu perspectiva, pero permíteme decirte que eso es solo tu percepción subjetiva. Lo que para ti es una queja, para otros podría ser un momento de felicidad.

Discípulo: ¿A qué te refieres, maestro?

Maestro: A menudo nos aferramos a las cosas del pasado, especialmente a los momentos en los que éramos más jóvenes o teníamos menos responsabilidades financieras. Pero la vida es un constante cambio y tenemos que adaptarnos a los nuevos desafíos.

Discípulo: ¿Cómo puedo superar mi miedo a invertir esta

cantidad de dinero?

Maestro: Hay un truco mágico que puedes usar para superar tu miedo y encontrar buenas oportunidades de inversión. ¿Alguna vez has notado que cuando buscas algo específico, de repente comienzas a verlo en todas partes?

Discípulo: Sí, lo he notado. Por ejemplo, cuando estaba buscando un auto, empecé a ver anuncios de autos por todas partes.

Maestro: Exactamente. Esto se llama el "foco de atención". Cuando estás buscando algo, tu mente se enfoca en ello y comienzas a ver más oportunidades relacionadas con ese objetivo. Por lo tanto, si estás buscando oportunidades de inversión, tu mente se enfocará en encontrarlas y te llevará a ellas.

Discípulo: Eso tiene sentido, maestro. Pero, ¿cómo puedo aplicar esto?

Maestro: Simplemente comienza a buscar oportunidades de negocios. Investiga los diferentes mercados y habla con personas que tienen experiencia en inversión. Cuanto más te enfocas en ello, más oportunidades encontrarás.

Discípulo: Entiendo. Y, ¿qué hay de la posibilidad de perder mi inversión?

Maestro: No hay garantías en la vida, pero si investigas bien y tomas decisiones informadas, puedes minimizar el riesgo. Además, recuerda que las pérdidas son parte del proceso de aprendizaje. Si pierdes, aprendes una lección valiosa que puedes aplicar en el futuro.

Discípulo: He estado tratando de hacerlo y encontrar mi camino, pero no estoy seguro de qué dirección tomar.

Maestro: Bien, ¿has considerado buscar un rubro que te guste y especializarte en él?

Discípulo: Sí, he pensado en eso, pero no estoy seguro de que tenga los conocimientos necesarios para hacerlo.

Maestro: No te preocupes por eso. Elige un rubro que te guste y empieza a estudiarlo. Busca a alguien que ya esté en ese negocio y habla con ellos. Investiga todo lo que puedas sobre el tema.

Discípulo: ¿Y si el mercado que elijo no es bueno?

Maestro: No te preocupes. Si descubres que el mercado que elegiste no es bueno, simplemente elige otro y repite el proceso.

Discípulo: ¿No es mejor diversificar y participar en muchos mercados diferentes?

Maestro: Eso depende de tu personalidad y habilidades. Si tienes una personalidad que te permite participar en muchos mercados diferentes, adelante. Pero si no es así, es mejor que te especialices en uno solo.

Discípulo: ¿Cómo puedo aprender habilidades de

negocios si no tengo experiencia en el rubro?

Maestro: Déjame contarte una historia sobre la película Karate Kid. ¿La has visto?

Discípulo: Sí, la vi hace mucho tiempo.

Maestro: En la película, el joven protagonista quería aprender karate. Pero en lugar de enseñarle directamente, su maestro lo puso a hacer trabajos aparentemente irrelevantes como pintar la cerca, lavar el auto y cortar el césped. Sin embargo, al hacer estos trabajos de cierta manera, el joven estaba aprendiendo karate sin darse cuenta.

Discípulo: Entiendo lo que quieres decir. ¿Entonces, si me especializo en un solo mercado, puedo aprender habilidades de negocios mientras trabajo en él?

Maestro: Exactamente. Al especializarte en un solo mercado, evitarás la dispersión y podrás enfocarte en los detalles concretos. Adquirirás habilidades que son útiles para todos los negocios, pero lo harás en un entorno controlado.

Discípulo: Gracias, maestro. Creo que ahora tengo una mejor idea de lo que debo hacer.

Maestro: Me alegra haber sido de ayuda. Recuerda, busca un rubro que te guste y ponte a estudiarlo. No importa cuál sea, siempre y cuando te haga sentir cómodo. Y si descubres que no es el adecuado para ti, simplemente elige otro y sigue adelante.

Mercado de Artesanías

Maestro: Veo que estás reflexionando sobre el mercado de las artesanías. ¿Qué te ha llevado a interesarte en este tema?

Discípulo: He notado que muchas personas descubren las maravillas de este mercado, pero muy pocas logran estructurar algo y tener éxito en él. Me pregunto por qué sucede esto.

Maestro: Es una pregunta interesante. Es cierto que el mercado de las artesanías tiene un gran potencial, pero también tiene sus desafíos únicos. ¿Has investigado más a fondo las razones detrás de este fenómeno?

Discípulo: Sí, he estado leyendo y hablando con personas que trabajan en este mercado. Parece que los artesanos tienen dificultades para trabajar en escala y atender pedidos.

Maestro: Eso es cierto. Los artesanos a menudo trabajan en proyectos individuales y no tienen la capacidad de producir grandes cantidades de sus productos. Pero hay soluciones a este problema.

Discípulo: ¿Cuáles son esas soluciones?

Maestro: Una opción es tener el capital suficiente para

comprar a muy buen precio, hacer stock y vender sobre el stock. Otra opción es tener una capacidad de vinculación increíble y conectarse con miles de artesanos para poder comercializar una gran variedad de productos. También se puede tener una capacidad de organización increíble y sistematizar el trabajo de los artesanos, tornándolo estimable en número y plazos de entrega.

Discípulo: Entonces, ¿la clave para tener éxito en el mercado de las artesanías es la organización y la capacidad de trabajar en escala?

Maestro: No necesariamente. Estas son opciones que pueden ayudar a superar algunos desafíos comunes en este mercado, pero hay otras formas de éxito también. Por ejemplo, uno podría enfocarse en crear productos únicos y de alta calidad que llamen la atención de los clientes, o en ofrecer un excelente servicio al cliente y atención personalizada.

Discípulo: Entiendo. Pero aún así, parece que hay muchas personas que no logran tener éxito en este mercado, a pesar de todas las opciones que existen.

Maestro: Eso es cierto. Aunque hay muchas opciones para tener éxito en el mercado de las artesanías, también hay una gran competencia y muchos factores fuera de nuestro control. La perseverancia, la paciencia y la capacidad de adaptarse a los cambios del mercado también son clave para el éxito en este campo.

Discípulo: Entonces, ¿qué consejo podrías darme para tener éxito en el mercado de las artesanías?

Maestro: En mi opinión, el consejo más importante sería no desanimarse ante los desafíos y fracasos, y seguir aprendiendo y mejorando constantemente.

Rentabilidad, Potencial y Riesgo

Maestro: La rentabilidad y el potencial de crecimiento son factores importantes en cualquier negocio, pero también es importante evaluar el riesgo involucrado. ¿Has considerado el riesgo de tus posibles proyectos?

Discípulo: Sí, he evaluado el riesgo, pero siempre trato de encontrar proyectos con el mayor potencial de ganancias.

Maestro: Eso es comprensible, pero recuerda que a menudo hay una relación inversa entre el riesgo y la rentabilidad. Los proyectos con mayores ganancias también pueden ser los más arriesgados. ¿Estás preparado para asumir ese riesgo?

Discípulo: Sí, creo que estoy dispuesto a asumir ese riesgo.

Maestro: Eso está bien, pero recuerda siempre evaluar todas las opciones y considerar cuidadosamente los riesgos involucrados antes de tomar una decisión de inversión. ¿Has pensado en diversificar tus inversiones de negocios en diferentes mercados?

Discípulo: Sí, estoy interesado en diversificar mis inversiones. ¿Tienes algún consejo para hacerlo efectivamente?

Maestro: Lo más importante es no poner todos los huevos en la misma canasta. Busca oportunidades en diferentes mercados y sectores para minimizar el riesgo. Además, siempre es importante investigar y analizar cualquier inversión potencial antes de invertir en ella. No confíes en las promesas de ganancias rápidas y fáciles, ya que estas suelen ser señales de un posible riesgo.

Discípulo: Entiendo, pero ¿cómo puedo encontrar las mejores oportunidades de inversión?

Maestro: La mejor manera de encontrar oportunidades de inversión es investigar y analizar el mercado. Habla con otros inversores, asiste a ferias y conferencias relacionadas con el sector que te interesa, y lee publicaciones especializadas en el mercado en el que quieres invertir. También es importante tener un plan de inversión claro y definido y ajustarlo según sea necesario.

Discípulo: Gracias por los consejos, maestro. Me siento más preparado para tomar decisiones de inversión informadas.

Maestro: Recuerda siempre que la inversión es una tarea de largo plazo y requiere paciencia, perseverancia y disciplina. No te desanimes si tus inversiones no rinden frutos inmediatos. Mantén una perspectiva a largo plazo y sigue investigando y analizando el mercado para encontrar las mejores oportunidades de inversión.

Empresario o Inversor

Maestro: Hola, discípulo. Veo que estás pensando en emprender un negocio o tal vez invertir en alguno. ¿Cómo te encuentras en este momento?

Discípulo: Hola, maestro. Estoy un poco confundido. No sé si debería empezar como empresario, usar un modelo mixto o ser un inversor puro. No estoy seguro de cuál es la mejor opción para mí.

Maestro: Comprendo. No hay una respuesta única para esta pregunta. Depende de tus objetivos, tus habilidades y tus recursos. Lo más importante es que tengas un plan financiero sólido con metas y plazos claros.

Discípulo: Sí, eso es lo que he estado tratando de hacer. Pero a veces siento que estoy perdiendo el tiempo porque no sé por dónde empezar.

Maestro: No te preocupes por eso. Lo importante es no perder de vista lo que buscas: generar ingresos pasivos. Este es tu objetivo principal, y todo lo que hagas debe estar alineado con él.

Discípulo: Entiendo. Pero ¿cómo puedo lograr esto? ¿Cuál es el truco?

Maestro: No hay truco. Solo tienes que seguir tu plan financiero y mantener el enfoque en tus metas y plazos.

No te desesperes, no te apures, no tomes malas decisiones, pero tampoco te frenes ni te detengas ni te quedes hablando. Tienes que actuar.

Discípulo: Eso suena muy bien, maestro. Pero a veces me preocupa el riesgo. ¿Cómo puedo minimizarlo?

Maestro: El riesgo es inevitable en cualquier negocio o inversión. Pero hay formas de minimizarlo. Por ejemplo, puedes diversificar tus inversiones para reducir el impacto de cualquier pérdida. También puedes hacer una investigación exhaustiva antes de invertir en un negocio para asegurarte de que es viable.

Discípulo: Entiendo. Pero también me preocupa no obtener suficientes ganancias. ¿Cómo puedo asegurarme de que mi negocio o inversión sea rentable?

Maestro: La rentabilidad depende de muchos factores, como la calidad del producto o servicio que ofreces, el mercado en el que te mueves, la competencia y la gestión financiera de tu negocio. Pero hay formas de aumentar tus posibilidades de éxito. Por ejemplo, puedes buscar asesoría de expertos en el área, crear un modelo de negocio sólido y mantener una gestión financiera cuidadosa.

Discípulo: Gracias, maestro. Creo que tengo una idea más clara de lo que debo hacer. Voy a seguir trabajando en mi plan financiero y mantendré mis metas y plazos en mente.

Maestro: Recuerda que el éxito no es algo que se logre de la noche a la mañana. Toma tiempo y dedicación. Pero si mantienes el enfoque y la disciplina, estoy seguro de que alcanzarás tus objetivos.

Invirtiendo

Maestro: Veo que estás emocionado con tu inversión y eso es bueno. Pero antes de seguir adelante, ¿puedes explicarme más acerca de cómo funciona exactamente este fondo de inversión que has creado?

Discípulo: Claro, maestro. Somos tres amigos que hemos juntado nuestro dinero para comprar una bodega de vinos. Nuestro amigo, el dueño de la bodega, se queda con el negocio, pero se compromete a mantener el stock con un incremento del 5% cada mes durante un año. Al final del año, él tiene la opción de comprarnos la bodega con su incremento.

Maestro: Entiendo. Y si él no decide comprar la bodega, ¿qué pasa entonces?

Discípulo: Entonces tendríamos que vender las botellas para recuperar nuestro dinero. Pero lo más seguro es que otro comprador aparezca y podamos ganar un 60% de retorno en nuestra inversión.

Maestro: Veo que has encontrado una manera inteligente de invertir tu dinero. Pero recuerda que siempre hay riesgos involucrados en cualquier inversión. ¿Has considerado qué pasaría si algo sale mal en el negocio o si tu amigo no cumple con su compromiso de incrementar el stock?

Discípulo: Sí, lo hemos considerado. Por eso hemos hablado con un notario para hacer un documento que nos garantice que nuestro amigo será el administrador de nuestros vinos y que estará obligado a mantener el stock con un incremento del 5% mensual. Además, como el incremento se considera un préstamo sin intereses, mi contable me ha dicho que podría reducir el impacto en nuestro impuesto a la renta.

Maestro: Veo que has hecho tu tarea, pero recuerda que aún hay riesgos involucrados en cualquier inversión. ¿Estás seguro de que este es el mejor uso de tu dinero en este momento?

Discípulo: Sí, maestro. He aprendido mucho sobre cómo pensar como inversor gracias a sus consejos y estoy seguro de que esta inversión es la mejor opción para mí en este momento.

Maestro: Muy bien, entonces sigue adelante con tu inversión, pero no olvides siempre hacer una evaluación de riesgos cuidadosa y estar preparado para cualquier resultado. Recuerda que la inversión es una herramienta poderosa, pero debe ser usada con cuidado y sabiduría.

Discípulo: Gracias, maestro. Aprecio tus consejos y siempre tendré en cuenta tus palabras sabias.

Método Avalancha

Maestro: Hola, ¿cómo estás hoy?

Discípulo: Hola maestro, estoy bien, gracias por preguntar. Hoy quisiera hablar contigo sobre cómo llegar a grandes negocios.

Maestro: Excelente tema. ¿Qué es lo que tienes en mente?

Discípulo: He estado reflexionando sobre cómo empezar pequeños negocios y cómo ese éxito inicial puede llevar a grandes resultados. ¿Podrías explicarme un poco más sobre esto?

Maestro: Claro, es un tema interesante. La verdad es que el éxito en los negocios a menudo comienza con algo muy pequeño, y es como una avalancha que crece y crece hasta convertirse en algo grande.

Discípulo: ¿Puedes darme un ejemplo?

Maestro: Por supuesto. Supongamos que alguien quiere empezar un pequeño negocio de venta de artículos en línea. Empieza con una idea, tal vez comprando algunos productos baratos y vendiéndolos con una pequeña ganancia. Si tiene éxito, puede reinvertir esas ganancias en más inventario y así sucesivamente. Esos pequeños éxitos se acumulan y eventualmente se convierten en un gran éxito.

Discípulo: Entiendo, así que la idea es empezar pequeño y luego ir creciendo poco a poco.

Maestro: Exacto, esa es la idea. Sin embargo, hay dos factores que pueden dificultar este proceso. El primero es que la gente a menudo no está acostumbrada a manejar dinero de otros. Y el segundo es que muchas personas no saben cómo planear un negocio exitoso.

Discípulo: ¿Cómo se puede superar esto?

Maestro: Bueno, la respuesta a ambas preguntas es educación y práctica. Si alguien quiere empezar un negocio exitoso, necesita aprender cómo hacerlo y luego practicar hasta que se sienta cómodo. Además, es importante estar siempre en busca de nuevas oportunidades y estar dispuesto a tomar riesgos.

Discípulo: Eso parece lógico. Pero, ¿cómo sabes cuál es la oportunidad correcta?

Maestro: Esa es una buena pregunta. Una forma de encontrar oportunidades es preguntar a la gente qué harían si tuvieran más dinero. A menudo, las respuestas pueden conducir a ideas de negocios que de otro modo no se habrían considerado.

Discípulo: Interesante. ¿Y cómo debo establecer mis objetivos para tener éxito?

Maestro: Eso depende de cada individuo. Pero recuerda, no siempre es necesario buscar ganancias exorbitantes en cada oportunidad. Un negocio que genera un 10% de ganancia mensual, si se repite 12 veces al año, puede llevar a grandes resultados en el largo plazo. El secreto es ser constante y estar dispuesto a aprender de tus errores.

Discípulo: Me gusta esa mentalidad. Pero, ¿cómo puedo ser constante si tengo miedo de fracasar?

Maestro: El miedo al fracaso es natural, pero no debe impedirte avanzar. A menudo, es a través de nuestros fracasos que aprendemos las lecciones más valiosas. Además, debes recordar que no siempre vas a tener éxito en cada oportunidad. Pero si eres constante, eventualmente encontrarás una veta que te llevará al éxito.

Discípulo: Entiendo, pero ¿cómo puedo saber cuál es el negocio adecuado para mí? ¿Cómo puedo saber que no estoy perdiendo mi tiempo en una idea que no funcionará?

Maestro: Esa es una buena pregunta. En primer lugar, debes buscar oportunidades en áreas que te interesen o que tengas conocimientos previos. Si te apasiona la tecnología, busca oportunidades en ese campo. Si tienes experiencia en el sector inmobiliario, busca oportunidades en ese campo. En segundo lugar, debes investigar y analizar el mercado para ver si hay demanda para tu idea. Si hay una demanda insatisfecha, es probable que tu idea tenga éxito. En tercer lugar, debes ser realista sobre tus habilidades y recursos. No intentes empezar un negocio que está fuera de tu alcance.

Discípulo: Entiendo. Y en cuanto a la constancia, ¿cómo puedo mantenerme motivado y seguir adelante cuando los resultados no son inmediatos?

Maestro: La clave es tener una visión a largo plazo y recordar por qué empezaste en primer lugar. Si tienes una visión clara de lo que quieres lograr, eso te dará la motivación para seguir adelante. También debes ser flexible y estar dispuesto a aprender de tus errores. Si un negocio no funciona, no te rindas, aprende de esa experiencia y sigue adelante. Y, por último, es importante rodearte de personas que te apoyen y te motiven. Si tienes amigos o familiares que te animan y te dan ánimo, te resultará más fácil mantener la constancia.

Discípulo: Entiendo, maestro. Gracias por tus consejos. Creo que seguiré tu ejemplo y buscaré oportunidades en áreas que me apasionan y que tenga conocimientos previos. También mantendré una visión a largo plazo y seré constante en la búsqueda de oportunidades.

Maestro: Muy bien, discípulo. Recuerda que la avalancha comienza con un pequeño movimiento, pero si eres constante en la búsqueda de oportunidades, tarde o temprano encontrarás una veta que te permitirá avanzar a gran velocidad. ¡Buena suerte!

Negocios Sencillos pero Rentables

Maestro: Muy bien, veo que estás comenzando a entender cómo funciona el mundo de los negocios. Hay una gran sabiduría en invertir en pequeños negocios y en aquellos que parecen sencillos pero rentables.

Discípulo: Sí, definitivamente parece una buena estrategia. Me gusta la idea de invertir en pequeños negocios que puedan ser escalados.

Maestro: Exacto. Es importante tener un enfoque realista y no dejar que nuestras expectativas nublen nuestro juicio. No siempre es necesario invertir grandes cantidades de dinero en negocios gigantescos. A veces, los pequeños negocios pueden ser muy lucrativos.

Discípulo: Entiendo. Pero, ¿cómo puedo estar seguro de que estoy invirtiendo en el negocio correcto?

Maestro: No puedes estar seguro al 100%, pero puedes reducir el riesgo al hacer una investigación exhaustiva. Debes estudiar el mercado y evaluar el negocio antes de tomar una decisión. También debes tener en cuenta la calidad de la persona detrás del negocio.

Discípulo: Sí, eso tiene sentido. ¿Qué consejos me darías para invertir en pequeños negocios?

Maestro: Primero, debes tener una mente abierta y estar

dispuesto a aprender de tus errores. No te desanimes si tu primera inversión no es exitosa. Segundo, debes tener disciplina y paciencia. Invertir en pequeños negocios puede requerir tiempo y esfuerzo, pero puede ser muy gratificante. Tercero, debes ser realista y no dejarte llevar por las emociones. Debes tener objetividad y no invertir en algo solo porque te gusta.

Discípulo: Entiendo. Y, ¿qué pasa si pierdo dinero en mi inversión?

Maestro: Perder dinero es parte del juego. Es importante que lo veas como una lección y una oportunidad para aprender. Aprende de tus errores y sigue adelante. Recuerda que la clave para tener éxito en los negocios es la perseverancia y la resiliencia.

Discípulo: Sí, eso es muy importante. Me gusta la idea de invertir en pequeños negocios y apoyar a los emprendedores.

Maestro: Los emprendedores son la columna vertebral de la economía. Son aquellos que toman riesgos y crean oportunidades para ellos mismos y para otros. Apoyarlos es una forma de ayudar a construir una sociedad más próspera y justa.

Discípulo: Sí, estoy de acuerdo. ¿Hay algo más que deba saber antes de empezar a invertir en pequeños negocios?

Maestro: Solo recuerda que no hay fórmulas mágicas

para el éxito. Tienes que trabajar duro, ser diligente y estar dispuesto a tomar riesgos. Pero si haces todo esto, es posible que encuentres un gran éxito en los negocios.

Discípulo: Gracias por tus consejos, maestro. Definitivamente los tomaré en cuenta.

Maestro: De nada, discípulo. Recuerda que el éxito en los negocios no es solo sobre ganar dinero, sino también sobre aprender, crecer y hacer una diferencia en el mundo.

Bolsa de Valores

Maestro: Hola discípulo, ¿qué te trae por aquí hoy?

Discípulo: Maestro, he estado pensando en invertir en la bolsa de valores, pero no sé por dónde empezar.

Maestro: La inversión en la bolsa de valores puede ser una buena oportunidad, pero es importante que sepas que hay tres diferentes formas de hacerlo.

Discípulo: Sí, he escuchado que hay formas diferentes de invertir en la bolsa.

Maestro: Así es, el primer modo es como profesional. Es decir, aquellos que realmente saben lo que están haciendo y pueden ganar o perder en función de sus decisiones.

Discípulo: Sí, he oído que los profesionales pueden ganar mucho dinero en la bolsa.

Maestro: Es cierto, pero también pueden perder mucho si no tienen suficiente experiencia o no toman decisiones sabias.

Discípulo: Entiendo, ¿y cuál es la segunda forma de invertir en la bolsa?

Maestro: La segunda forma es como ahorro de largo plazo. Esto significa que uno arma una cartera de inversión para los próximos 5 o 10 años, y aunque no se hacen ricos, se mantiene un capital constante y levemente creciente.

Discípulo: Eso suena interesante, ¿cómo se hace eso?

Maestro: Bueno, se trata de elegir acciones de empresas sólidas y bien establecidas, y mantenerlas a largo plazo sin hacer demasiados cambios en la cartera.

Discípulo: Entiendo, ¿y cuál es la tercera forma de invertir en la bolsa?

Maestro: La tercera forma es lo que se conoce como "timbero" o jugador. Son aquellos que entran en la bolsa sin mucha idea, esperando grandes ganancias como en la ruleta, pero suelen perder por lo general.

Discípulo: Eso suena peligroso, ¿no es así?

Maestro: Así es, el juego en la bolsa puede ser peligroso si no se toman decisiones sabias y se tiene suficiente conocimiento.

Discípulo: Entonces, ¿cuál sería la mejor manera de invertir en la bolsa?

Maestro: La mejor manera es la segunda opción que te mencioné, como ahorro de largo plazo. Pero es importante que tengas suficiente conocimiento y habilidad para elegir las acciones adecuadas y mantener una cartera diversificada.

Discípulo: Entiendo, y ¿qué consejo me daría para

empezar a invertir en la bolsa?

Maestro: Mi consejo sería que empieces por educarte sobre la bolsa y cómo funciona. Aprende sobre las diferentes empresas, sus fortalezas y debilidades, y cómo se mueve el mercado. Una vez que tengas suficiente conocimiento, puedes empezar a armar una cartera de inversión a largo plazo.

Discípulo: Gracias, maestro. Seguiré su consejo y empezaré a educarme sobre la bolsa antes de tomar cualquier decisión.

Maestro: Excelente, discípulo. Recuerda que la sabiduría y la paciencia son claves para cualquier inversión exitosa.

Miedo al Riesgo

Maestro: Hola, ¿cómo estás hoy?

Discípulo: Hola maestro, estoy bien, gracias por preguntar. ¿Qué tema vamos a tratar hoy?

Maestro: Hoy quiero hablar sobre el riesgo en la inversión. Muchas personas temen perder dinero al invertir, pero el riesgo es necesario para aprender.

Discípulo: ¿Qué quieres decir con eso, maestro?

Maestro: Quiero decir que, sin riesgo, nunca aprenderás realmente cómo funciona la inversión. La inversión no es solo sobre ganar dinero, sino también sobre aprender a manejar el riesgo.

Discípulo: ¿Cómo podemos aprender a manejar el riesgo, maestro?

Maestro: La mejor manera de aprender es hacerlo tú mismo. Necesitas poner tu propio dinero en juego para entender la emoción y el dolor que viene con la inversión. Pero no sugiero que hagas cualquier cosa por hacer algo, debes buscar oportunidades de inversión inteligentes.

Discípulo: ¿Cómo puedo encontrar una buena oportunidad de inversión?

Maestro: Busca empresas que estén bien establecidas y que tengan un historial sólido. Investiga y analiza sus estados financieros y su modelo de negocio. Una vez que encuentres una empresa en la que confíes, invierte con cuidado, comenzando con una cantidad pequeña de dinero.

Discípulo: ¿Qué pasa si pierdo mi dinero, maestro?

Maestro: Si pierdes tu dinero, debes aprender de tus errores y analizar lo que salió mal. La inversión es un aprendizaje constante y debes estar dispuesto a asumir riesgos y enfrentar fracasos para poder crecer y mejorar.

Discípulo: ¿Qué pasa si gano dinero?

Maestro: Si ganas dinero, debes ser cuidadoso y no dejarte llevar por la emoción. No inviertas todo tu dinero en una sola empresa, diversifica tu cartera para minimizar los riesgos. Aprende a controlar tus emociones y a tomar decisiones de inversión informadas.

Discípulo: Entonces, ¿cómo puedo saber cuándo es el momento adecuado para invertir?

Maestro: No hay un momento perfecto para invertir. Debes estar siempre preparado para aprovechar una oportunidad cuando se presenta. Investiga y analiza constantemente el mercado para estar informado y preparado para actuar en cualquier momento.

Discípulo: Entiendo, maestro. Parece que la inversión es

un proceso continuo de aprendizaje y crecimiento.

Maestro: Exactamente, la inversión es una forma de crecimiento personal. Aprenderás a manejar el riesgo y a tomar decisiones informadas. Recuerda que la inversión no es solo sobre ganar dinero, sino también sobre aprender y crecer como persona.

Discípulo: Gracias por enseñarme, maestro. Ahora entiendo la importancia del riesgo en la inversión.

Maestro: Me alegra haber podido ayudarte a comprenderlo. Recuerda que siempre estaré aquí para guiarte en tu camino de aprendizaje y crecimiento.

Ganancia de Capital y Flujo de Efectivo

Discípulo: Maestro, ¿qué significa exactamente ganancias de capital y flujo de efectivo?

Maestro: Las ganancias de capital son las ganancias que se obtienen al vender un activo a un precio más alto de lo que se compró. Por ejemplo, si compras una acción por $100 y la vendes por $150, obtienes una ganancia de capital de $50. El flujo de efectivo, por otro lado, se refiere al dinero que ingresa y sale de tu bolsillo regularmente. Es la cantidad de efectivo que recibes en concepto de ingresos y la cantidad que gastas en tus gastos diarios.

Discípulo: Entonces, ¿cuál es la mejor opción: ganancias de capital o flujo de efectivo?

Maestro: No hay una respuesta única a esa pregunta. Todo depende de tus objetivos y circunstancias personales. Si estás buscando una inversión a largo plazo, tal vez quieras enfocarte en la ganancia de capital. Pero si necesitas ingresos regulares para vivir, el flujo de efectivo es más importante.

Discípulo: ¿Y cómo puedo obtener ganancias de capital o flujo de efectivo en mis inversiones?

Maestro: Hay muchas formas de obtener ganancias de capital o flujo de efectivo en tus inversiones. Por ejemplo, podrías invertir en acciones que paguen dividendos, lo que te proporcionaría un flujo de efectivo regular. O podrías comprar bienes raíces y alquilarlos para obtener ingresos regulares. También podrías invertir en negocios que tengan un potencial de crecimiento significativo y vender tus acciones cuando el valor haya aumentado.

Discípulo: Entonces, ¿cómo decido qué opción es la mejor para mí?

Maestro: La mejor opción depende de tus objetivos y circunstancias personales. Antes de tomar cualquier decisión de inversión, es importante que tengas una estrategia clara y un plan de acción. Debes preguntarte qué es lo que quieres lograr con tu inversión y qué riesgos estás dispuesto a asumir. Asegúrate de investigar cuidadosamente todas tus opciones y de entender los riesgos y beneficios asociados con cada una.

Discípulo: ¿Hay algún consejo que me puedas dar para tomar decisiones de inversión sabias?

Maestro: Siempre debes tener en cuenta la regla de oro de las inversiones: nunca inviertas dinero que no puedas permitirte perder. Además, no te dejes llevar por las emociones al tomar decisiones de inversión. Haz tu investigación, analiza cuidadosamente todas las opciones y tómate el tiempo necesario para tomar una decisión informada. Recuerda que invertir es un juego a largo plazo y que las decisiones que tomes hoy pueden tener un gran impacto en tu futuro financiero.

Amor vs Rentabilidad

Maestro: Hola, ¿cómo estás hoy?

Discípulo: Hola, maestro. Estoy bien, gracias. Estoy emocionado por aprender más sobre la inversión.

Maestro: Me alegra oír eso. La inversión es un camino emocionante, pero también requiere disciplina y enfoque.

Discípulo: Sí, he estado leyendo y aprendiendo mucho sobre el tema. Pero a veces me preocupa que mi amor por un negocio nuble mi juicio.

Maestro: Esa es una preocupación válida. Como inversor, tienes que aprender a analizar los negocios no por amor, sino por rentabilidad. ¿Por qué es importante?

Discípulo: Bueno, supongo que si solo pienso como empresario, puedo estar dispuesto a aferrarme a un negocio incluso si no es rentable. Pero como inversor, debo buscar oportunidades rentables y tomar decisiones basadas en esa rentabilidad.

Maestro: Exactamente. Las oportunidades y los negocios son múltiples, y como inversor, debes ser selectivo y tener la mentalidad correcta. ¿Qué es lo más importante que un negocio debe cumplir para ser considerado un buen negocio en términos de inversión?

Discípulo: Creo que debe generar ingresos suficientes

para cubrir todos sus costos operativos y dejar rentabilidades adecuadas al capital invertido.

Maestro: Muy bien. Recuerda, si un negocio no cumple con esos requisitos, no es un buen negocio. Y aferrarse a un mal negocio solo porque te encariñas con él es un camino que conduce a la pobreza.

Discípulo: Entiendo. Pero a veces, ¿no es difícil dejar ir un negocio en el que has invertido tanto tiempo y esfuerzo?

Maestro: Por supuesto que es difícil, pero no se trata de emociones, sino de negocios. Como inversor, debes ser disciplinado y estar dispuesto a entrar y salir de oportunidades basadas en su rentabilidad y riesgo.

Discípulo: Sí, eso tiene sentido. ¿Qué consejo tienes para mí mientras sigo aprendiendo sobre la inversión?

Maestro: Mi consejo para ti es que sigas aprendiendo y estés dispuesto a tomar riesgos calculados. A medida que aumentes tu capital, tendrás más opciones para invertir y obtener ingresos pasivos. Recuerda, a más capital, más opciones. Y siempre piensa como inversor, no como empresario.

Discípulo: Gracias, maestro. Me siento más seguro en mi camino de inversión gracias a tus consejos y sabiduría.

Maestro: De nada, discípulo. Recuerda, la inversión es un camino emocionante, pero también requiere disciplina y enfoque. Sigue aprendiendo y mantente enfocado en tus objetivos financieros.

Tener el Cliente

Discípulo: Maestro, he estado meditando sobre la importancia del mercado en los negocios. Siempre he pensado que lo más importante es tener un buen producto o servicio, pero ahora entiendo que no basta con eso.

Maestro: Así es, mi querido discípulo. Un buen producto o servicio es importante, pero si no hay mercado para él, no servirá de mucho.

Discípulo: Pero ¿cómo se puede tener éxito en los negocios si no se tiene el mejor producto o servicio?

Maestro: La clave no es tener el mejor producto o servicio, sino tener el cliente. Si tienes el cliente, puedes producir sobre seguro.

Discípulo: Entiendo. Pero ¿cómo se consigue al cliente?

Maestro: Hay que dedicar tiempo y dinero al cliente antes de empezar a producir. Esto significa hacer estudios de mercado, investigar las necesidades y deseos de los consumidores, crear relaciones con ellos, y construir una reputación de confianza y calidad. Solo así podrás crear una base sólida de clientes que te permita producir con seguridad.

Discípulo: Me parece muy sabio, maestro. Pero ¿cómo se puede saber si se está enfocando correctamente en el cliente?

Maestro: Debes estar atento a las señales que te da el mercado. ¿Qué demandan los clientes? ¿Cómo prefieren recibir tus productos o servicios? ¿Qué necesidades tienen que no están siendo cubiertas por otros proveedores? Estas son las preguntas que debes hacerte constantemente para asegurarte de estar satisfaciendo las necesidades de tus clientes.

Discípulo: Entonces, ¿el éxito en los negocios depende más de entender al mercado que de tener el mejor producto o servicio?

Maestro: Exactamente. No se trata de tener el mejor producto o servicio, sino de entender al mercado y ofrecer soluciones que satisfagan sus necesidades. Si puedes hacer eso, tendrás éxito en los negocios.

Discípulo: Me doy cuenta de que este enfoque requiere una inversión significativa de tiempo y recursos en el cliente. ¿Cómo se puede saber cuánto invertir en el mercado antes de empezar a producir?

Maestro: No hay una respuesta única a esta pregunta, ya que depende del negocio y del mercado en el que operas. Pero en general, debes invertir lo suficiente en el mercado como para tener una comprensión clara de las necesidades y deseos de los consumidores. Una vez que tengas esa comprensión, puedes empezar a producir con más seguridad y enfocarte en satisfacer esas necesidades de manera efectiva.

Discípulo: Me siento inspirado por estas enseñanzas, maestro. Me doy cuenta de que hay mucho más en los negocios de lo que había pensado antes. Gracias por tu sabiduría.

Maestro: Siempre estoy aquí para ayudarte en tu camino, mi querido discípulo. Recuerda, siempre gana el que tiene al cliente. Dedica tiempo y recursos al mercado antes de producir, y estarás en el camino hacia el éxito en los negocios.

Activos y Rentabilidad

Maestro: Hola, ¿cómo estás? ¿Qué piensas sobre el tema de los activos en los negocios?

Discípulo: Hola maestro, he estado reflexionando sobre la idea que planteas en tu comentario sobre los activos y la rentabilidad en los negocios.

Maestro: Es una reflexión importante, porque muchas veces las personas no toman en cuenta que cada activo que se suma al negocio puede afectar su rentabilidad total.

Discípulo: Sí, entiendo lo que quieres decir. Si cada vez que hago un negocio sumo un activo muy grande, mi rentabilidad total siempre será incierta y sujeta a liquidación de activos.

Maestro: Exacto, porque en algunos casos el activo puede generar más costos que beneficios, lo que impacta en la rentabilidad. Por ejemplo, si compras un auto por $13000, adquieres un activo, pero si luego solo ganas $1300 al mes por alquilarlo, tu rentabilidad sobre activos es del 10%.

Discípulo: Sí, pero al final del ciclo podría vender el activo y recuperar el capital, ¿no es así?

Maestro: Claro, esa es una posibilidad, pero mientras

tanto tu capital está inmovilizado en forma de activos, lo que puede ser poco inteligente en un negocio que recién empieza.

Discípulo: Entiendo. ¿Qué consejo me podrías dar para evitar inmovilizar mi capital en activos innecesarios?

Maestro: Primero que nada, es importante que analices bien tu modelo de negocio y que determines cuáles son los activos necesarios para su operación. Siempre piensa en la rentabilidad, no en la cantidad de activos que puedas acumular. Además, trata de buscar opciones que no requieran de grandes inversiones en activos fijos, como el alquiler de equipos en lugar de la compra.

Discípulo: Eso suena muy sensato. También creo que es importante estar atentos a las oportunidades de inversión y ser selectivos con los activos que se adquieren.

Maestro: Exactamente, el éxito en los negocios no se trata solo de acumular activos, sino de tener una visión clara y estratégica para invertir y hacer crecer el negocio. Y siempre ten en cuenta que la rentabilidad es la clave para el éxito a largo plazo.

Discípulo: Gracias por tus consejos, maestro. Siempre aprendo algo nuevo de ti.

Maestro: De nada, siempre es un placer compartir mis conocimientos contigo. Recuerda que en los negocios, el enfoque debe estar en la rentabilidad y no en la cantidad de activos que se puedan acumular.

Locales Comerciales

Maestro: Hola, discípulo. Veo que tienes interés en los locales comerciales.

Discípulo: Sí, maestro. He estado investigando y he notado que los locales comerciales se rentan o venden a precios más altos que los departamentos o casas.

Maestro: Así es. En general, los locales comerciales tienen mayor demanda y son más valiosos debido a su potencial para generar ingresos por alquiler o venta. Pero, ¿sabes cuáles son las claves para un buen negocio en locales comerciales?

Discípulo: Creo que la ubicación es lo más importante.

Maestro: Muy bien, discípulo. La ubicación es la clave mágica en el negocio de los locales comerciales. De hecho, algunos dicen que hay otra clave..., y es la ubicación! Si tu local no está ubicado en una avenida o zona de alto tráfico, tus opciones de venderlo o alquilarlo disminuyen o deben ser pensadas bajo un formato más barato.

Discípulo: Entonces, ¿la ubicación es más importante que el tamaño o las características del local?

Maestro: En general, sí. Por supuesto, si el local es muy pequeño o no tiene ciertas características básicas, como una entrada visible o accesibilidad, entonces puede ser difícil encontrar un inquilino o comprador, incluso si está en una buena ubicación. Pero, en términos generales, la ubicación es el factor más importante.

Discípulo: ¿Qué otros factores debería considerar si quisiera invertir en locales comerciales?

Maestro: Uno de los factores clave es asegurarte de que no estás desaprovechando el potencial del terreno. A veces, se pueden construir más departamentos o casas en un terreno que tiene espacio para varios locales comerciales, y en ese caso, deberías pensar cuidadosamente si los locales comerciales son la mejor opción.

Discípulo: Entiendo. Y si decido invertir en locales comerciales, ¿debería comprar o alquilar?

Maestro: Eso depende de tus objetivos a largo plazo y de la situación del mercado inmobiliario en tu área. Si esperas que los precios de los locales comerciales sigan subiendo, puede tener sentido comprar, ya que podrías obtener una ganancia de capital cuando vendas en el futuro. Pero si prefieres tener ingresos regulares y no quieres estar atado a un solo activo, alquilar podría ser una mejor opción.

Discípulo: Entiendo. Pero ¿qué pasa si tengo un activo muy grande y quiero invertir en locales comerciales?

Maestro: Si cada vez que haces un negocio sumas un activo muy grande, tu rentabilidad total siempre será incierta y sujeta a la liquidación de activos. Si compras un auto de $ 13,000, es cierto que adquieres un activo, pero si luego ganas $ 1,300 mensuales, tu rentabilidad sobre activos es del 10%. Pero mientras tanto, tendrás capital inmovilizado en forma de activos, lo que no es muy inteligente para un negocio que recién comienza. Es importante pensar en cómo utilizar tus recursos de manera efectiva y maximizar tu rentabilidad a largo plazo.

Discípulo: Entiendo, maestro. Gracias por tu sabiduría y consejos.

Riesgos y Legalidad

Discípulo: Maestro, tengo algunas dudas en cuanto a los riesgos y la parte legal de un negocio.

Maestro: Sí, es un tema complicado, ¿en qué necesitas ayuda?

Discípulo: Pues, me preocupa no hacer todo en orden y tener problemas legales, pero a la vez me gustaría que el negocio fuera dinámico y no estar gastando demasiado en abogados.

Maestro: Entiendo tu preocupación, pero debes tener en cuenta que para hacer todo en orden tendrías que gastar en abogados y quizás el volumen inicial del negocio no lo permita. Además, parte de la maravilla de la "inversión de riesgo" es que la cosa se hace más dinámica.

Discípulo: ¿A qué te refieres con "inversión de riesgo"?

Maestro: A veces, es más barato y rápido correr ciertos "riesgos" cuando el dinero en juego no es tanto, más que complicarla demasiado. Si tienes que poner $ 20.000, te diría que hagas todo según las reglas, pero si hablamos de $ 1000, te acepto que "duele" perderlos si algo sale mal, pero no es tan grave. Nadie quiebra por $ 1000.

Discípulo: Entonces, ¿qué me aconsejas?

Maestro: No aconsejo hacer las cosas mal, pero sí

adecuarse al nivel del negocio que se está encarando. Si el dinero en juego no es demasiado, quizás no valga la pena gastar en abogados y puedes correr algunos riesgos. Pero si el negocio implica una inversión importante, entonces es mejor hacer todo en orden para evitar problemas legales.

Discípulo: Entiendo, pero ¿cómo puedo reducir los riesgos en un negocio?

Maestro: Bueno, siempre hay riesgos en cualquier negocio, pero puedes reducirlos tomando precauciones y haciendo una buena planificación. Por ejemplo, investigar bien el mercado, conocer a tu competencia, tener un plan de negocios sólido y tener un colchón financiero para cubrir imprevistos.

Discípulo: ¿Y en cuanto a la parte legal?

Maestro: En cuanto a la parte legal, es importante tener claro desde el principio qué tipo de empresa vas a crear, si es una sociedad, una empresa individual, etc. También es importante registrar tu marca y productos, tener los permisos necesarios y cumplir con las obligaciones fiscales. Si no tienes experiencia en este tema, lo mejor es buscar ayuda profesional.

Discípulo: Me queda claro, gracias por tus consejos maestro.

Maestro: Siempre estoy aquí para ayudarte en lo que

necesites, recuerda que un buen negocio es aquel que está bien planeado y bien ejecutado.

Decisiones Impulsivas

Discípulo: Maestro, a veces siento que la vida me pone en situaciones difíciles y que tengo que hacer las cosas con esfuerzo y dolor.

Maestro: Así es la vida, mi querido discípulo. A veces, nos encontramos en una encrucijada y no tenemos más opción que hacer lo que se debe, aunque sea difícil y estresante.

Discípulo: Pero, ¿no hay manera de hacer las cosas más fáciles y ordenadas?

Maestro: Claro que la hay. Si tienes la oportunidad de hacer las cosas de manera ordenada y lógica, no tiene sentido que arruines la cancha. Date tiempo, tómalo con calma, analiza y prueba. Haz las cosas con tranquilidad para que no te cargues de problemas.

Discípulo: Entonces, ¿debería evitar tomar decisiones impulsivas?

Maestro: Exactamente. Tienes que hacer las cosas con calma y sin prisa. Aprovecha ahora que puedes hacer las cosas sin dolor para no cargar con problemas más adelante. Toma el tiempo que necesites para analizar las oportunidades, junta dinero y sepáralo en tu fondo de inversiones. No te duermas, pero tampoco te vuelvas loco.

Discípulo: ¿Cómo puedo saber si estoy yendo por el camino correcto?

Maestro: Si tienes una meta clara, tu trabajo tiene que presionarte mucho menos. Antes, te molestaba porque no sabías a dónde ir. Ahora que tienes una meta, deberías sentirte más enfocado y motivado. No te rindas, sigue adelante, pero hazlo con calma. Los que tienen un arrebato de pasión y salen disparados al cabo de unas semanas se dan cuenta que cometieron errores que pudieron haber evitado.

Discípulo: Entonces, ¿cómo puedo evitar riesgos y tomar decisiones correctas?

Maestro: No se puede evitar el riesgo por completo, pero sí se puede minimizar. Asegúrate de tener información suficiente, analiza las diferentes opciones y toma la decisión que consideres más sensata. Y recuerda, hazlo con calma y sin prisa.

Lo Más Importante de un Negocio

Discípulo: Maestro, siempre he soñado con tener mi propio negocio y ser emprendedor. Me gustaría fabricar algo, ¿qué opinas?

Maestro: Todos tenemos esa tendencia, es normal. ¿Pero sabes qué es lo más importante en un negocio?

Discípulo: La fabricación del producto, ¿verdad?

Maestro: ¡No! Es la VENTA. Rara vez los negocios quiebran por hacer mal las cosas, sino porque no venden. Primero está el mercado, el producto no importa. El mercado vale el 95%, el producto el 5%.

Discípulo: Ah, entiendo. Pero, ¿cómo hago para vender si no tengo un producto aún?

Maestro: Primero debes tener un mercado, los clientes. Busca dónde hay demanda y necesidades sin satisfacer. Encuentra un nicho de mercado y piensa en cómo puedes satisfacer esa necesidad. Una vez que tengas eso claro, luego piensa en fabricar tu producto.

Discípulo: Claro, eso tiene mucho sentido. Pero, ¿y si ya tengo un producto, cómo puedo venderlo mejor?

Maestro: Investiga, estudia a tu competencia, aprende de los mejores. Analiza cómo se comercializan productos similares al tuyo y trata de hacerlo mejor. Siempre hay algo que se puede mejorar en la forma de vender.

Discípulo: Me has abierto los ojos, maestro. Siempre pensé que lo más importante era la calidad del producto.

Maestro: La calidad del producto es importante, pero no lo es todo. Sin ventas, no hay negocio. Así que recuerda siempre: primero vende, luego fabrica.

Discípulo: ¡Gracias por el consejo, maestro! Voy a ponerlo en práctica en mi futuro negocio.

Maestro: Recuerda hacer las cosas bien, pero sin enloquecer. Tómate tu tiempo, analiza, prueba y hazlo con calma. Ya tendrás tiempo de fracasar y sufrir, pero aprovecha ahora que puedes hacer las cosas sin dolor para no cargarte de problemas.

Discípulo: Entendido, maestro. Siempre es mejor hacer las cosas bien desde el principio.

Maestro: Exacto, y recuerda que el éxito no viene solo. Hay que trabajar duro, tener perseverancia y paciencia. Pero si haces las cosas bien, seguro que tendrás éxito.

Discípulo: ¡Gracias por tus sabios consejos, maestro!

Reserva Estratégica

Maestro: ¿Has oído hablar de la reserva estratégica?

Discípulo: No, nunca lo había escuchado antes. ¿Qué es eso?

Maestro: Es una regla de conducta que todos deberíamos seguir. Se trata de tener el equivalente de 3 a 6 meses de los gastos corrientes ahorrados.

Discípulo: ¿Por qué debería hacer eso? Parece un desperdicio de dinero que podría usar en otras cosas.

Maestro: En realidad, tener una reserva estratégica siempre disponible te permite encarar la vida con mayor tranquilidad. Si tienes problemas laborales, cuentas con un plazo de 3 o 6 meses para encontrar una solución sin tener que preocuparte por los gastos corrientes.

Discípulo: Ah, entiendo. Pero, ¿y si tengo una emergencia grave?

Maestro: Si tienes una emergencia grave, puedes usar el fondo y reponerlo más tarde. Pero la clave aquí es tener esa reserva siempre presente para que puedas manejar cualquier situación sin tener que preocuparte por los gastos corrientes.

Discípulo: Eso suena como una buena idea. ¿Cómo puedo comenzar a ahorrar para mi reserva estratégica?

Maestro: Lo primero que debes hacer es establecer cuánto necesitas para cubrir tus gastos corrientes durante 3 a 6 meses. Luego, comienza a ahorrar una cantidad fija de dinero cada mes hasta alcanzar esa meta. Puede que al principio sea difícil, pero con perseverancia y disciplina, lo lograrás.

Discípulo: Gracias, maestro. Voy a comenzar a trabajar en mi reserva estratégica de inmediato.

Maestro: Me alegra escuchar eso, discípulo. Recuerda, la reserva estratégica es una herramienta poderosa que te permitirá encarar la vida con mayor tranquilidad.

Invertir y Emprender

Maestro: Hola discípulo, veo que estás buscando tener éxito en el mundo de los negocios.

Discípulo: Sí, maestro. Quiero ser el próximo gran emprendedor.

Maestro: Eso está bien, pero es importante que sepas que hay una gran diferencia entre invertir y emprender.

Discípulo: ¿En qué sentido, maestro?

Maestro: La inversión se trata de buscar oportunidades de éxito y unirse a ellas. Es una forma de hacer crecer tu dinero sin involucrarte directamente en el negocio.

Discípulo: Entiendo. Pero, ¿qué hay del emprendimiento? ¿No es una forma de inversión?

Maestro: No exactamente. Emprender es más como crear un proyecto de negocio. Tienes que evaluar costos, proveedores, marketing, promoción, venta y financiamiento.

Discípulo: Ah, ya entiendo. Entonces, ¿cuáles son las herramientas que debo usar para evaluar una inversión y un negocio?

Maestro: Para las inversiones, necesitas evaluar la rentabilidad y el riesgo. Para los negocios, necesitas un plan de negocios. Son herramientas diferentes que producen resultados diferentes.

Discípulo: Gracias por aclarar eso, maestro. Pero, ¿cómo puedo saber si estoy invirtiendo o emprendiendo?

Maestro: Una buena forma de saberlo es si estás poniendo tu propio tiempo, dinero y esfuerzo en el proyecto. Si es así, entonces probablemente estás emprendiendo. Si estás invirtiendo, estarás poniendo tu dinero en un proyecto que ya está en marcha y dejando que otros se encarguen de hacerlo crecer.

Discípulo: Comprendo. Entonces, ¿qué consejos podrías darme para emprender con éxito?

Maestro: Primero, debes tener un plan de negocios sólido y bien estructurado. Esto te ayudará a evaluar los costos, los proveedores y los precios. En segundo lugar, debes estar dispuesto a tomar riesgos y tener una mentalidad emprendedora. En tercer lugar, debes estar preparado para trabajar duro y perseverar incluso cuando las cosas se pongan difíciles.

Discípulo: Entiendo, maestro. Y, ¿qué hay de la inversión? ¿Cómo puedo saber si estoy invirtiendo sabiamente?

Maestro: Para evaluar una inversión, debes analizar la rentabilidad y el riesgo. Investiga y evalúa bien la inversión antes de poner tu dinero en ella. Además, es importante diversificar tus inversiones para reducir el riesgo.

Discípulo: Entiendo. Gracias, maestro, por tus consejos sabios.

Maestro: Recuerda siempre la importancia de tener un plan sólido y estar dispuesto a trabajar duro. No hay garantías de éxito, pero si tienes una mentalidad emprendedora y tomas medidas inteligentes, podrás tener éxito en los negocios o en la inversión.

Crear un Negocio Propio

Discípulo: Maestro, ¿qué piensas de aquellos que quieren crear su propio negocio?

Maestro: Bueno, creo que es una buena ambición. Pero a menudo la gente olvida que crear un negocio es mucho más difícil que invertir en uno ya establecido.

Discípulo: ¿Cómo es eso?

Maestro: Bueno, el trabajo del inversor es mucho más fácil que el del empresario. El inversor simplemente busca proyectos que valgan la pena, mientras que el empresario tiene que preocuparse por costos, precios, proveedores, marketing, ventas y financiamiento.

Discípulo: Entonces, ¿por qué la gente quiere crear su propio negocio?

Maestro: Porque piensan que tienen una buena idea o un buen producto, o creen que pueden hacerlo mejor que los demás. Pero a menudo, olvidan que pueden tener un mal producto, buscar un mercado poco rentable, o simplemente no ser los mejores para la tarea en cuestión.

Discípulo: ¿Y qué pasa con aquellos que quieren invertir en proyectos en lugar de crear su propio negocio?

Maestro: Bueno, invertir en proyectos puede ser una buena opción si se hace correctamente. Pero el problema es que a menudo hay pocos proyectos que realmente valgan la pena.

Discípulo: ¿Por qué es eso?

Maestro: Porque los buenos proyectos son escasos y los pocos que hay son tan buenos que sus dueños no necesitan que entren inversores externos. Además, aquellos proyectos que no consiguieron financiamiento por lo general son malos proyectos.

Discípulo: ¿Qué hace que un proyecto sea malo?

Maestro: Bueno, un proyecto puede ser malo por varias razones. Puede tener un buen producto o mercado, pero la persona a cargo no es garantía de éxito. O puede tener un producto o mercado malo. O puede estar bien en todos los aspectos, pero la planificación y presentación del proyecto son deficientes.

Discípulo: Entonces, ¿cómo pueden los inversores evaluar correctamente un proyecto?

Maestro: Bueno, los inversores deben usar herramientas específicas para evaluar la rentabilidad y el riesgo de un proyecto. Y deben ser más estrictos con sus criterios que con los proyectos que crean ellos mismos.

Discípulo: ¿Por qué la gente es más laxa al evaluar sus propios proyectos?

Maestro: Porque nadie se ve feo en el espejo. A menudo,

la gente evalúa sus propios proyectos con criterios mucho más laxos que los que usarían para evaluar el proyecto de un tercero.

Discípulo: Entonces, ¿qué consejo le darías a alguien que quiere crear su propio negocio o invertir en proyectos?

Maestro: Mi consejo sería que primero evalúe sus habilidades y recursos. Si tiene la habilidad y capacidad para planificar un negocio, entonces también tiene la habilidad y capacidad para descubrir, analizar y negociar una inversión. Pero es importante recordar que crear un negocio es mucho más difícil que invertir en uno ya establecido. Y al evaluar proyectos, los inversores deben ser más estrictos con sus criterios que con sus propios proyectos.

La Importancia del Mercado

Maestro: Hola discípulo, ¿cómo estás?

Discípulo: Hola maestro, estoy bien, gracias por preguntar. Hoy me gustaría hablar contigo sobre la importancia del mercado en los negocios.

Maestro: Claro, adelante, ¿qué te preocupa?

Discípulo: Me parece que muchas veces nos enfocamos demasiado en el producto, sin tener en cuenta si existe un mercado dispuesto a pagar por él.

Maestro: Eso es muy cierto, y es algo que muchos emprendedores olvidan. ¿De qué sirve tener un producto excelente si nadie lo compra?

Discípulo: Exactamente, pero ¿qué se puede hacer para encontrar el mercado adecuado?

Maestro: Bueno, en primer lugar, debemos tener claro qué es lo que ofrecemos y a quiénes queremos llegar. Si no sabemos quién es nuestro público objetivo, será difícil encontrarlos.

Discípulo: Sí, eso tiene mucho sentido. Pero ¿cómo podemos saber si un mercado es el adecuado?

Maestro: Bueno, en realidad no hay una fórmula mágica para esto. Se trata de hacer una investigación exhaustiva sobre el mercado potencial y ver si nuestro producto encaja con sus necesidades y deseos. También es importante ver si hay una competencia fuerte en ese mercado y si podemos destacarnos de alguna manera.

Discípulo: Entiendo, pero ¿qué pasa si no encontramos un mercado adecuado para nuestro producto?

Maestro: En ese caso, puede ser necesario replantear nuestro negocio y ver si hay alguna forma de adaptar nuestro producto a un mercado existente o crear un nuevo mercado. Pero recuerda, sin mercado no hay negocio.

Discípulo: Claro, entiendo lo que dices. Pero ¿qué pasa si no tenemos los recursos para llegar a ese mercado?

Maestro: Esa es una buena pregunta. En algunos casos, puede ser necesario invertir en publicidad o marketing para dar a conocer nuestro producto al mercado adecuado. Pero recuerda, esto puede ser un insumo costoso y debemos evaluar cuidadosamente si es la mejor opción para nuestro negocio.

Discípulo: Comprendo, maestro. Entonces, ¿cómo podemos asegurarnos de que estamos capturando valor en lugar de simplemente pagando por publicidad?

Maestro: Eso es algo que puede ser difícil de lograr, pero se trata de encontrar formas creativas de atraer a nuestro mercado objetivo. Si podemos ofrecer algo que nadie más ofrece o hacerlo de una manera única, podemos destacarnos sin tener que gastar grandes sumas de dinero en publicidad.

Discípulo: Entiendo. Entonces, ¿cuál es la conclusión que podemos sacar de todo esto?

Maestro: La conclusión es que el mercado es el aspecto más importante de cualquier negocio. Sin un mercado adecuado, no importa cuán buenos sean nuestros productos o cuánto dinero hayamos invertido en ellos. Por eso, debemos centrarnos en buscar y encontrar el mercado adecuado para nuestro negocio y adaptar nuestro producto a sus necesidades y deseos.

¿Inversión o Usura?

Discípulo: Maestro, he estado leyendo sobre inversión y me preocupa no poder distinguir entre ser un inversor y ser un usura. ¿Podrías explicarme la diferencia?

Maestro: Claro, joven discípulo. La diferencia es muy importante. Un inversor agrega valor y crea riqueza, mientras que un usura sólo busca quitar el dinero de los demás sin preocuparse por el impacto que pueda tener en la comunidad.

Discípulo: Entiendo. ¿Pero cómo puedo saber si estoy siendo un inversor o un usura?

Maestro: Si estás ayudando a financiar un proyecto, debes asegurarte de que el proyecto agregue valor y beneficie a la comunidad. Si estás prestando dinero, debes hacerlo de manera justa y ética, sin aprovecharte de la necesidad de los demás.

Discípulo: ¿Y cómo puedo asegurarme de que estoy creando riqueza y no simplemente quitando dinero a los demás?

Maestro: Si estás invirtiendo en una empresa, asegúrate de que la empresa tenga un plan sólido y una visión clara. Asegúrate de que la empresa tenga un propósito y un objetivo que vaya más allá del simple beneficio financiero. Si estás prestando dinero, asegúrate de que el préstamo sea justo y que la otra parte pueda pagar sin dificultades.

Discípulo: Entonces, ¿la clave está en agregar valor y crear riqueza?

Maestro: Exacto. La clave para ser un verdadero inversor es agregar valor y crear riqueza. Cuando haces esto, no sólo beneficias a la comunidad, sino que también creas oportunidades para ti mismo y para los demás.

Discípulo: ¿Y cómo puedo saber si estoy haciendo lo correcto?

Maestro: Siempre debes preguntarte si lo que estás haciendo está ayudando a crear riqueza y agregar valor. Si la respuesta es sí, entonces estás en el camino correcto. Pero si la respuesta es no, entonces debes reconsiderar tus acciones y encontrar una manera de agregar valor y crear riqueza de manera ética y justa.

Discípulo: Muchas gracias, Maestro. Ahora entiendo mejor la diferencia entre ser un inversor y un usura.

Maestro: Recuerda siempre, joven discípulo, que la verdadera riqueza no se mide sólo en términos financieros, sino también en términos de impacto positivo en la comunidad. Sé un inversor ético y responsable, y verás cómo la riqueza y la prosperidad te siguen a donde quiera que vayas.

Oportunidades de Mercado

Maestro: Veo que has encontrado una manera inteligente de descubrir oportunidades en el mercado, a través de la conversación y la escucha atenta. ¿Puedes contarme más sobre cómo aplicas esta estrategia?

Discípulo: Claro, maestro. Como dije antes, hablo con todo tipo de personas que conozco, desde mamás hasta inversores y negociantes. A través de la conversación, les comento los proyectos en los que estoy trabajando y les pregunto sobre sus necesidades y problemas.

Maestro: Entonces, ¿a través de esta estrategia has descubierto nuevos nichos de mercado y oportunidades de negocio?

Discípulo: Sí, exactamente. Una vez, por ejemplo, fui a hablar con la directora de un colegio por un proyecto de educación y, después de hablar un poco, descubrí que tenía problemas con el alquiler del edificio. Resultó que había una oportunidad de negocio inmobiliario allí que no había visto inicialmente.

Maestro: Entiendo. Escuchar con atención es una habilidad valiosa, especialmente para los emprendedores. ¿Qué consejos darías a alguien que quiere aplicar esta estrategia?

Discípulo: Diría que es importante ser auténtico y

genuino en las conversaciones, y no solo buscar oportunidades de negocio. Si realmente escuchas con el corazón, las oportunidades vendrán naturalmente. Además, es importante no tener miedo de hacer preguntas y profundizar en las necesidades y problemas de las personas.

Maestro: Eso suena sabio. Y, ¿cómo mantienes el equilibrio entre escuchar y hablar en estas conversaciones?

Discípulo: Bueno, es un equilibrio delicado. Por supuesto, es importante compartir tus propios proyectos y hablar sobre tus habilidades y experiencia, pero siempre debes asegurarte de escuchar más de lo que hablas. Esa es la clave.

Maestro: Sí, el equilibrio es esencial en todas las cosas. Y, ¿cómo integras los conocimientos y oportunidades que descubres en tus proyectos actuales?

Discípulo: Bueno, siempre estoy buscando maneras de mejorar y expandir mis proyectos actuales. Si descubro una necesidad o problema que puedo resolver, lo integro en mi plan de negocios y busco maneras de abordarlo de manera efectiva.

Maestro: Eso es sabio. La habilidad de adaptarse a las necesidades cambiantes del mercado es crucial para el éxito empresarial. Y, ¿qué piensas sobre aquellos que buscan oportunidades de negocio sin realmente escuchar a las personas y comprender sus necesidades?

Discípulo: Creo que están perdiendo una gran oportunidad. El mercado está lleno de nichos y necesidades que aún no han sido abordados de manera efectiva. Si solo te enfocas en tu propia agenda y no prestas atención a las necesidades de las personas, estás perdiendo una gran oportunidad.

Maestro: Estoy de acuerdo. Escuchar y comprender las necesidades del mercado es esencial para el éxito empresarial. Gracias por compartir tu sabiduría conmigo, discípulo.

Discípulo: Gracias a ti, maestro. Siempre es un placer aprender de ti.

Ansias de Éxito

Maestro: Hola, discípulo. ¿Cómo te ha ido en tus inversiones últimamente?

Discípulo: Hola, maestro. Bueno, he estado tomando algunos riesgos, siguiendo mi intuición y olfato, como sueles decir.

Maestro: Entiendo. Pero recuerda que en algunas cosas pequeñas puedes correr el riesgo de meterte por puro "olfato", pero ten en cuenta que puedes perder.

Discípulo: Sí, lo sé. Pero también sé que si no arriesgo, no gano.

Maestro: Claro, pero si esa pérdida no te "mata", entonces, saldrás fortalecido. Como dice el dicho: "lo que no te mata te endurece".

Discípulo: Tienes razón. Pero a veces siento ansiedad por tener un negocio YA, por ganar dinero YA. ¿No es esa ansiedad una forma de intuición también?

Maestro: No necesariamente. La ansiedad puede ser un obstáculo para el éxito. Es importante prepararse antes de tomar cualquier riesgo. La mayoría de las veces, prepararse es la clave del éxito.

Discípulo: ¿Y qué pasa si me freno demasiado, si no hago nada?

Maestro: Tampoco sirve frenarse y no hacer nada. Pero recuerda esto: mientras más te preparas, más suerte tendrás. La suerte no es algo que simplemente aparece de la nada. Es el resultado de la preparación y la oportunidad que se encuentran en el camino.

Discípulo: Entiendo. ¿Cómo puedo prepararme mejor?

Maestro: Escucha a los demás. Aprende de las experiencias de los demás. También puedes leer libros, estudiar los mercados y los negocios en los que estás interesado. Pero sobre todo, mantén una mente abierta y dispuesta a aprender.

Discípulo: Gracias, maestro. Siempre me das buenos consejos.

Maestro: No hay de qué, discípulo. Estoy aquí para guiarte y ayudarte en tu camino hacia el éxito. Recuerda siempre que prepararse es la clave del éxito y que mientras más te prepares, más suerte tendrás.

Epílogo

Maestro: Ha sido un largo camino, mi querido discípulo. Te he enseñado todo lo que sé sobre el Tao de hacer negocios y estoy muy orgulloso de cómo has avanzado. Ahora, es el momento de dejarte mi gran mensaje, la esencia del Tao aplicado a los negocios.

Discípulo: Estoy muy emocionado, maestro. He aprendido mucho de ti y estoy listo para escuchar tus palabras finales.

Maestro: El Tao de hacer negocios se trata de mucho más que simplemente ganar dinero. Se trata de crear valor, de agregar algo positivo al mundo y de construir relaciones significativas con las personas.

Discípulo: Eso es lo que he aprendido de ti, maestro. Siempre me has enseñado a enfocarme en el valor que puedo crear y en cómo puedo mejorar la vida de los demás a través de mis negocios.

Maestro: Así es. Cuando nos enfocamos en crear valor, los beneficios financieros vienen naturalmente. Pero no debemos aferrarnos a esos beneficios y permitir que nos controlen. En cambio, debemos ser humildes y agradecidos por lo que tenemos.

Discípulo: Eso es algo que me ha costado trabajo, maestro. A veces me pierdo en el deseo de ganar más y más dinero y me olvido de ser agradecido por lo que ya tengo.

Maestro: Es natural tener ambición, pero no debemos permitir que se convierta en una obsesión. La clave es encontrar un equilibrio entre nuestro deseo de progresar y nuestro agradecimiento por lo que ya tenemos.

Discípulo: ¿Y qué pasa con la competencia, maestro? En los negocios, a veces parece que debemos estar en constante competencia con otros para tener éxito.

Maestro: La competencia es natural y puede ser saludable si se maneja adecuadamente. Pero no debemos permitir que la competencia nos haga perder nuestra visión y nuestros valores. En lugar de enfocarnos en vencer a otros, debemos enfocarnos en hacer nuestro mejor trabajo y en agregar el mayor valor posible.

Discípulo: Eso suena más sabio, maestro. ¿Cómo podemos hacer eso en la práctica?

Maestro: En primer lugar, debemos tener una visión clara y enfocada. Debemos saber lo que queremos lograr y cómo podemos hacerlo de la manera más efectiva y ética posible. En segundo lugar, debemos ser humildes y aprender de los demás. Ninguno de nosotros tiene todas las respuestas y siempre hay algo que podemos aprender de los demás. En tercer lugar, debemos ser pacientes y perseverantes. El éxito no llega de la noche a la mañana y debemos estar dispuestos a trabajar duro y seguir adelante a pesar de los obstáculos.

Discípulo: Eso es muy útil, maestro. ¿Hay algo más que deba saber para aplicar el Tao de hacer negocios en mi vida?

Maestro: Sí, hay una cosa más que es crucial. Debemos tener un corazón sincero y amable. Debemos preocuparnos por las personas con las que trabajamos y tratarlas con respeto y dignidad. Debemos ser justos y honestos en nuestras transacciones y siempre buscar el bienestar común. Cuando tenemos un corazón sincero, nuestras acciones son puras y nuestros resultados son positivos.

Discípulo: Entiendo lo que quieres decir, Maestro. Pero, ¿cómo podemos mantener un corazón sincero y amable en un mundo de negocios tan competitivo y despiadado?

Maestro: Buena pregunta, Discípulo. Es cierto que el mundo de los negocios puede ser muy desafiante, pero es precisamente en esos momentos de dificultad cuando debemos recordar lo que es verdaderamente importante. Si mantenemos un corazón sincero y amable en todo lo que hacemos, incluso en las situaciones más difíciles, podemos mantener nuestra integridad y nuestra humanidad.

Discípulo: Pero ¿cómo podemos asegurarnos de que no se aprovechen de nuestra bondad? ¿Cómo podemos evitar ser ingenuos en el mundo de los negocios?

Maestro: Es importante ser sabios y cuidadosos en nuestras decisiones y en las personas con las que hacemos negocios. Pero no debemos confundir sabiduría con desconfianza y sospecha. Cuando mantenemos un corazón sincero y amable, podemos confiar en que la mayoría de las personas actúan con integridad y que, incluso si alguien intenta engañarnos, nosotros podemos mantener nuestra dignidad y nuestra honestidad.

Discípulo: Me queda claro, Maestro. Creo que el tao de hacer negocios es una filosofía muy poderosa y que puede transformar no solo nuestras vidas profesionales, sino también nuestras vidas personales.

Maestro: Así es, Discípulo. El tao de hacer negocios no es solo una forma de hacer dinero, es una forma de vivir nuestra vida. Nos enseña a ser humildes, a ser pacientes, a ser amables y a buscar el bienestar común. Nos enseña a ser personas íntegras y honestas en todo lo que hacemos. Si aplicamos estas enseñanzas en nuestras vidas personales, podemos mejorar nuestra relación con nosotros mismos y con los demás, y vivir una vida más plena y satisfactoria.

Discípulo: Gracias, Maestro. Gracias por haberme enseñado el tao de hacer negocios y por compartir conmigo tus sabias enseñanzas.

El maestro y su discípulo se levantaron de la mesa, después de haber compartido su sabiduría y su experiencia durante horas. El sol se estaba poniendo en el

horizonte, iluminando el jardín con un cálido resplandor dorado. El maestro y su discípulo se pararon lado a lado, mirando el sol poniente con una mirada tranquila y serena. El discípulo se sentía agradecido por las enseñanzas de su maestro, y sabía que su vida nunca sería la misma después de haber aprendido el camino del Tao en los negocios. El maestro se veía como un hombre iluminado, su sabiduría y su experiencia le habían llevado a un estado de calma y paz interior que irradiaba hacia el mundo que lo rodeaba.

Finalmente, el maestro habló. "Querido discípulo, ha sido un honor compartir mi conocimiento contigo y guiarte en el camino del Tao de los negocios. Eres un alumno talentoso y sé que lograrás grandes cosas. Pero recuerda siempre lo que te he enseñado: sigue tu corazón, busca la armonía, sé paciente y perseverante, y mantén una actitud humilde y respetuosa. Y nunca te olvides de que el verdadero éxito en los negocios no se mide en términos de riqueza o poder, sino en la felicidad y el bienestar de las personas que te rodean. Sigue este camino y estoy seguro de que alcanzarás la grandeza".

El discípulo asintió con gratitud y respeto. Sabía que había encontrado en su maestro a un mentor y amigo para toda la vida. Miró al sol poniente y luego volvió su mirada hacia el maestro. "Maestro, gracias por todo lo que me has enseñado. Nunca olvidaré las lecciones del Tao que me has transmitido. Espero seguir tus enseñanzas y aplicarlas en mi camino en los negocios y en mi vida en general. Que el Tao siempre guíe nuestros pasos y nos lleve hacia la verdadera felicidad".

El maestro sonrió, sabiendo que su discípulo había comprendido las enseñanzas del Tao. Juntos caminaron hacia la puerta de entrada, y el maestro se detuvo un momento para mirar hacia el jardín y hacia el sol que se había ocultado detrás del horizonte. "El Tao es como el sol, querido discípulo", dijo el maestro. "Siempre está presente, siempre iluminando nuestro camino, pero sólo podemos ver su verdadero esplendor cuando abrimos nuestros ojos y nuestros corazones a él. Que siempre tengamos el coraje y la sabiduría de seguir el camino del Tao en nuestros negocios y en nuestras vidas".

El discípulo asintió con una sonrisa, sabiendo que el camino del Tao era un camino de luz y de sabiduría, y que siempre estaría presente para guiar su camino. Se despidieron con un abrazo, sintiendo la energía y el amor del Tao en sus corazones. Y mientras se alejaban, sabían que su camino en los negocios sería diferente a partir de ese momento, más sabio, más justo y más armonioso, gracias a las enseñanzas del Tao.

******

www.ingramcontent.com/pod-product-compliance
Lightning Source LLC
Chambersburg PA
CBHW072149230526
45467CB00041B/1186